ROYAL AIR FORCE TRANSPORT COMMAND
SHELL
SHELL

Jean BELLIS – Franck COSTE – Pascale ORLHAC

HISTOIRES D'AVIONS Tome 4

Avions de transports commerciaux civils et militaires – Vol. 2

idées+ ÉDITIONS

SAS Idées Plus
100, rue du Pigeonnier
30320 Bezouce – France
Tél. : 06 22 12 22 57
Mail : contact@ideesplus.fr
Site Web : www.ideesplus.fr

Dépôt légal : Octobre 2020
ISBN : 978-2-374700-41-0
Première édition : 1 000 exemplaires

Graphisme et mise en page : **Alex CULLELL**
Correction des textes : **Pascale ORLHAC**

Mise en couleurs : **Jean BELLIS**

Fabriqué en France par Idées Plus.
Achevé d'imprimer en octobre 2020

www.ideesplus.fr

INTRODUCTION

Dans la série ***Histoires d'avions***, nous vous invitons à découvrir ce quatrième tome qui est le deuxième volume d'une série de quatre sur les ***avions de transports commerciaux civils et militaires***.

Les premiers pas du transport aérien de passagers ont lieu le 1er janvier 1914 avec l'inauguration de la première ligne aérienne régulière entre les villes de Saint-Pétersbourg et Tampa en Floride aux États-Unis avec un seul passager à bord.

Sur un fond historique précis, ces profils vous font découvrir la grande disparité de ces avions de transports commerciaux construits majoritairement en France, en Allemagne, en Russie, aux États-Unis, au Japon, en Grande-Bretagne, mais aussi en Australie, en Espagne, en Italie, aux Pays-Bas, en Suède, en Suisse, en Tchéquie...

Retrouvez sous les traits de crayons de **Jean Bellis**, les dessins exceptionnels des profils de ces avions, réalisés avec précision dans les détails et représentés dans des scènes aéronautiques, en noir et blanc ou en couleur.

L'adaptation des textes est réalisée par les auteurs **Pascale Orlhac** et **Franck Coste**, habitués des ouvrages aéronautiques de la collection PLEIN VOL des éditions Idées Plus.

SNCASO SO.95 Corse

Premier vol en 1947

Le **SO.95** est un avion civil de transport léger et de liaison de conception française construit par la *Société Nationale des Constructions Aéronautiques du Sud-Ouest.* Cet appareil est construit à une soixantaine d'exemplaires dont 45 pour l'aviation navale française et 2 pour des liaisons Bombay-Bangalore et Bombay-Delhi utilisés à partir de 1950 par la compagnie aérienne *Air Services.* Appareil bimoteur à ailes médianes tout en métal dont le train d'atterrissage est escamotable et les hélices tripales, le **SO.95** effectue son premier vol le 17 juillet 1947.

Vitesse maximale : 350 km/h – Longueur : 12,32 m – Autonomie : 1 300 km
Moteur : deux moteurs à pistons Renault 12 S-02-201 de 570 ch

SAVOIA MARCHETTI S-74

Premier vol en 1934

Le **S-74** est un avion quadrimoteur à aile haute pouvant transporter 22 passagers, ayant volé pour la première fois le 16 novembre 1934. Construit en trois exemplaires, il est mis en service sur les lignes de prestige de la compagnie aérienne *Ala Littoria*, puis est utilisé pour le transport militaire par la *Regia Aeronautica*, à l'occasion de l'entrée de l'Italie dans la Seconde Guerre mondiale en 1940. Aucun des trois n'a survécu à la guerre.

Vitesse maximale : 330 km/h – Longueur : 21,36 m – Autonomie : 1 000 km
Moteur : quatre Piaggio Stella air X.RC de 700 ch

ILYUSHIN Il-112

Premier vol en 2019

Le **Ilyushin Il-112** est un avion de transport militaire léger développé par *Ilyushin Aviation Complex* pour le largage de cargaisons, d'équipements et de personnels militaires. L'**Il-112** est un bimoteur à ailes hautes, avec un empennage en T, présentant des hélices tractrices à 6 pales. Une avionique moderne lui permet de réduire l'équipage de 5 ou 6 personnes à 2 seulement. Le cockpit dispose de pas moins de 6 écrans multifonctions. L'**Il-112** peut opérer dans des conditions climatiques difficiles et à partir de terrains mal préparés. Ses émissions de bruit sont réduites afin de correspondre aux normes ICAO.

Vitesse maximale : 450 km/h – Longueur : 24,15 m – Autonomie : 2 400 km
Moteur : deux Klimov TV7-117ST de 2 800 ch

EMBRAER KC-390

Premier vol en 2019

Le **Embraer KC-390** est un avion de transport militaire moyen, avec option avion ravitailleur grâce à une très grande soute. Destiné à la *Force aérienne brésilienne*, cet appareil effectue son premier test en vol de production le 25 mai 2019. Construit en 8 exemplaires, le **KC-390** est doté d'une avionique avec double affichage, d'un système de mission complet et d'un système d'autoprotection. Les pilotes disposent de commandes « *fly-by-wire* » avec système de contrôle de vol et des fonctions optimisées, assurant d'excellentes performances avec un équipage réduit ainsi que des utilisations sécurisées à partir de pistes semi-préparées.

Vitesse maximale : 850 km/h – Longueur : 33,91 m – Autonomie : 2 780 km charge maxi, 6 200 km (en convoyage)
Moteur : deux Turbofans IAE V2500

ROS AEROPROGRESS 101

Premier vol en 1994

Le **T-101 « Grach » ou « Rook »** en Anglais, est un avion polyvalent léger basé sur le *biplan An-2* et prévu pour le remplacer. Avec un train d'atterrissage fixe à aile haute contreventée avec roue de queue et un seul moteur dans le nez, la conception de cet appareil est axée sur un faible coût, une fiabilité élevée et une exploitation à partir d'aérodromes non préparés. Le **T-101** peut transporter 10 passagers ou 1 600 kg de fret, mais il peut aussi être utilisé pour l'agriculture, la patrouille, la photographie aérienne, la recherche et le sauvetage, les fonctions aéroportées et autres fonctions utilitaires. Il effectue son premier vol le 7 décembre 1994.

Vitesse maximale : 300 km/h – Longueur : 15,06 m – Autonomie : 700 km charge utile max, 1 270 km (carburant max.)
Moteur : un Glushenkov TVD-10B de 900 ch

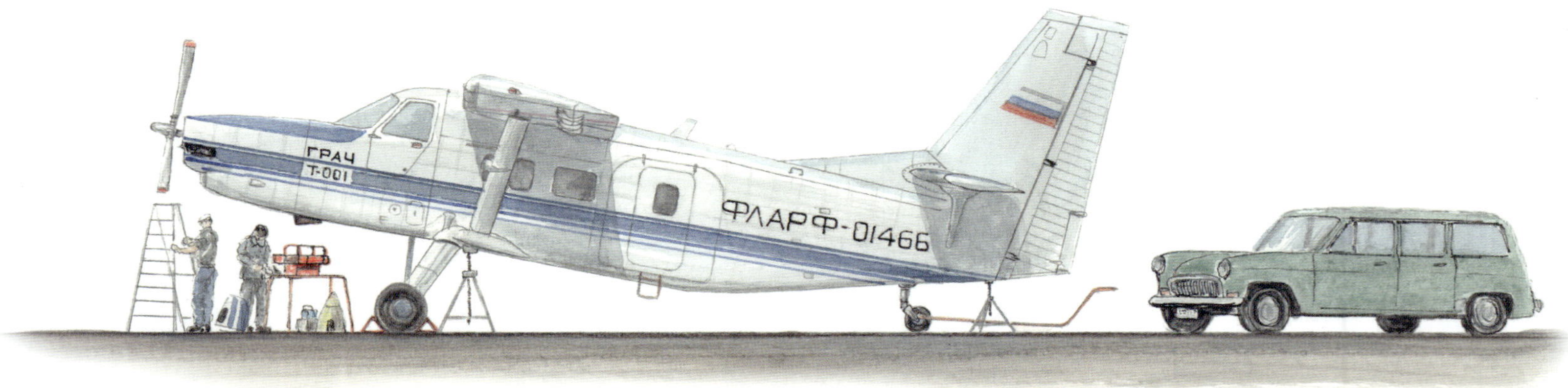

PACIFIC AEROSPACE P750 XSTOL

Premier vol en 1992

Le **PAC 750XL** est un monoplan monomoteur turbopropulsé utilitaire dérivé du *PAC Cresco*. Devant l'intérêt des clubs de parachutisme pour sa vitesse ascensionnelle élevée, Pacific Aerospace a développé cet appareil spécifiquement conçu à l'origine pour le parachutisme sportif. Le **PAC 750XL**, proche du *Fletcher FU-24 Utility*, présente un fuselage redessiné, avec une double porte latérale. Pacific Aerospace a livré plus d'une centaine de ces appareils.

Vitesse maximale : 315 km/h – Longueur : 11,84 m – Autonomie : 2 183 km
Moteur : un Pratt & Whitney Canada PT6A-34 de 750 ch

BRITISH AEROSPACE JETSTREAM 41

Premier vol en 1991

Le **Jetstream 41**, version allongée du *Jetstream 31*, est un avion de transport régional à deux turbopropulseurs construit par *British Aerospace*. Voué à concurrencer directement les avions de 30 places environ tels que l'*Embraer Brasilia*, le *Dornier 328* et le *Saab 340*, l'appareil est doté d'une configuration en 2+1 sièges de front comme dans le 31. Son fuselage est allongé de 4,88 mètres et redessiné. Le **Jetstream 41** effectue son premier vol le 25 septembre 1991 et, malgré un début de commercialisation prometteur, *British Aerospace* arrête la production en mai 1997, avec un total de 100 appareils construits.

Vitesse maximale : 547 km/h – Longueur : 19,33 m – Autonomie : 1 263 à 1 433 Km
Moteur : deux Allied Signal TPE33114GR/HR de 1 500 ch

DHC 8 DASH 8

Premier vol en 1983

Le **Dash 8** ou **De Havilland Canada DHC-8**, est un avion civil court-courrier doté de deux turbopropulseurs. Développé au début des années 1980 par le fabricant *de Havilland Canada*, il est produit actuellement par *Bombardier Aéronautique*. Le **Dash 8** effectue son premier vol le 20 Juin 1983. Rebaptisé en 1996 **Bombardier Q Series** (Q pour « Quiet » – silencieux en Anglais), l'appareil est alors équipé du système ANVS (*Active Noise Vibrations Suppression*) afin de réduire le bruit et les vibrations dans la cabine. À ce jour, environ 1 000 spécimens de **Dash 8** dans différentes variantes ont été construits.

Vitesse maximale : 490 km/h – Longueur : 22,25 m – Autonomie : 1 520 Km
Moteur : deux turbopropulseurs Pratt Whitney Canada PW 120A pour deux hélices

CHEVROLET Corvette Stingray 1972

AIRBUS A320

Premier vol en 1987

L'**Airbus A320** est le premier avion mono-couloir court-moyen-courrier, équipé de deux turboréacteurs, entièrement conçu en CAO (*Conception Assistée par Ordinateur*) et réalisé à 80 % en FAO (*Fabrication Assistée par Ordinateur*). Doté d'un fuselage de 3,96 mètres de diamètre, l'**A320** a pour principales caractéristiques d'offrir plus de sièges (12 en première classe et 138 en classe économique) dans un espace plus grand que celui de ses concurrents. Premier avion civil à être doté de commandes de vol exclusivement électriques (*fly-by-wire*) et contrôlées par ordinateur, l'**Airbus A320** effectue son premier vol en février 1987 au-dessus de Toulouse.

Vitesse maximale : 900 km/h – Longueur : 37,60 m – Autonomie : 6 200Km
Moteur : deux CFM56-5B de 48 400 ch

KL
F-GFKL
AIR TOTAL

ANTONOV An-74

Premier vol en 1983

L'**Antonov An-74** (Code OTAN : **Coaler-B**) est un avion-cargo dérivé de l'*An-72*. L'**Antonov An-74** est un biréacteur à ailes hautes, positionnées de telle façon que les flux de gaz qui sortent des réacteurs soufflent l'extrados des ailes et lui octroient plus de portance. Cela lui permet d'effectuer des décollages et atterrissages courts. Il est conçu pour opérer par tous les temps et est équipé pour assister les expéditions arctiques. Il possède lui aussi une porte cargo à l'arrière du fuselage.

Vitesse maximale : 700 km/h – Longueur : 28,107 m – Autonomie : 4 400 km ou 1 750 km avec 7,5 t de charge utile
Moteur : deux turboréacteurs Ivtchenko-Progress D-36A de 11 400 ch

KHARKOVTCHANKA

HARBIN Y-12

Premier vol en 1982

Le **Harbin Y-12** est un avion de transport léger, petit bimoteur à voilure haute intégrant ses moteurs. De conception entièrement métallique, doté d'un train d'atterrissage tricycle fixe et de pneus à freins hydrauliques, cet appareil peut transporter 19 passagers en cabine haute densité ou trois conteneurs standards LD3 en mode fret. Développé à partir de 1980, le **Y-12** effectue son premier vol le 14 juillet 1982. Une de ses principales caractéristiques est de pouvoir décoller de pistes courtes (seulement 500 mètres de long).

Vitesse maximale : 450 km/h – Longueur : 18,86 m – Autonomie : Maximale 1 340 km
Moteur : deux Pratt & Whitney Canada PT6A entre 1 090 et 1 920 ch

SIAI MARCHETTI SF600 CANGURO

Premier vol en 1978

Le **SIAI-Marchetti SF600 Canguro** (*kangourou*) est un bimoteur de transport léger développé en Italie à la fin des années 1970. Avion monoplan à aile haute cantilever, le **Canguro** est doté d'un fuselage rectangulaire et d'un train d'atterrissage tricycle fixe. Malgré des essais en vol favorables et des options attrayantes telles que des turbopropulseurs et un train rentrant possible, le **Canguro** n'a pas le succès attendu et seuls dix exemplaires sont construits.

Vitesse maximale : 306 km/h – Longueur : 12,15 m – Autonomie : 600 km
Moteur : deux Allison 250-B17C de 1 500 ch

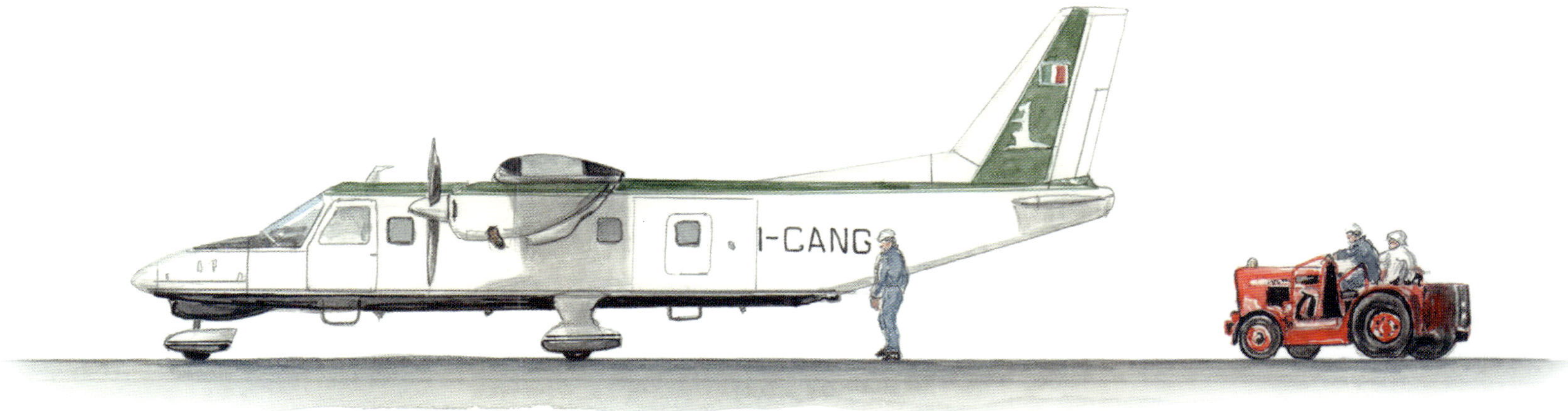

DHC-7 DASH-7

Premier vol en 1975

Le **DHC-7**, appelé couramment **Dash-7**, est un avion quadri-turbopropulseur à fuselage cylindrique et à ailes hautes, pouvant atterrir ou décoller en moins de 700 mètres. Ses hélices de 3,40 mètres de long permettent de réduire le bruit et les vibrations. Effectuant son premier vol le 27 mars 1975, le prototype du **Dash-7** est ensuite utilisé à des fins expérimentales, mais aussi comme avion de démonstration et d'affaires. On peut encore le voir au *Musée de l'Aviation et de l'Espace* du Canada où il y est exposé depuis 1988. Avec un succès mitigé, le **Dash-7** est construit en 113 exemplaires.

Vitesse maximale : 460 km/h – Longueur : 24,58 m – Autonomie : 2 295 km
Moteur : quatre turbopropulseurs Pratt & Whitney Canada PT6A-50 de 1 120 ch

CASA 212

Premier vol en 1971

Le **Casa C-212 "Aviocar"** est un avion de transport tactique et logistique bi-turbopropulseur, à ailes hautes pouvant embarquer jusqu'à 26 passagers. Doté d'un train d'atterrissage tricycle fixe, d'une cellule entièrement métallique et d'une porte de soute située à l'arrière du fuselage, le **C-212** présente un poste de pilotage avec deux sièges côte-à-côte pour les pilotes et des instruments analogiques classiques. Après un premier vol en mars 1971, cet appareil est toujours en service dans des missions de parachutage, de transport militaire, d'évacuation sanitaire et comme avion de patrouille maritime.

Vitesse maximale : 370 km/h – Longueur : 16,15 m – Autonomie : 1 433 km
Moteur : deux turbopropulseurs Garrett TPE-331-10R-513C de 900 ch

AIRBUS A300

Premier vol en 1972

L'**Airbus A300** est le premier biréacteur à large fuselage au monde mais aussi le premier modèle commercialisé par le groupe européen *Airbus*. Appartenant à une grande famille d'avions de ligne construits entre 1972 et 2007 et assemblés à Toulouse, cet appareil effectue son premier vol le 28 octobre 1972. Avec pas moins de 561 exemplaires dans le but de concurrencer le *Boeing 767*, l'**A300** est exploité par la compagnie *Air France* (première à l'utiliser à partir de fin mai 1974), puis reconverti en cargo pour le transport de fret depuis l'arrêt de sa production en juillet 2007.

Vitesse maximale : 890 km/h – Longueur : 54,07 m série B2/B4 : 53,60 m – Autonomie : 5 375 km
Moteur : deux réacteurs General Electric CF6-50C2

BD
D-AIBD
Airbus A300
Lufthansa

AERITALIA G.222

Premier vol en 1970

Le **Aeritalia G.222** est un avion-cargo militaire tactique italien capable d'opérer sur terrains sommairement aménagés, effectuant son premier vol en juillet 1970. Il peut transporter 44 passagers ou 32 parachutistes, ou 24 civières en cas d'évacuations sanitaires, avec 4 personnels d'équipage. Construit à 108 exemplaires, le **G.222** est un des rares avions de sa catégorie à être capable d'effectuer un looping, de voler à 90 km/h ou de se poser en 300 m seulement (sans charge).

Vitesse maximale : 540 km/h – Longueur : 22,70 m – Autonomie : 1 260 km
Moteur : deux turbopropulseurs General Electric T64-GE-P4D de 3 400 ch

KAWASAKI C-1

Premier vol en 1970

Le **Kawasaki C-1**, également connu sous la désignation **C-1 *Asuka***, est un avion de transport militaire tactique à voilure montée en position haute, pouvant transporter jusqu'à 60 soldats ou 45 parachutistes. Doté de dispositifs hypersustentateurs et de larges volets, le **C-1** est capable de décoller en 914 mètres avec la charge maximale et d'atterrir en 853 mètres. Grâce à son système hydraulique, l'accès à la soute est facilité par une rampe arrière avec ouverture en trois parties, les deux premières s'ouvrant en coquille et la troisième permettant le largage de charges par abaissement d'une partie du plancher.

Vitesse maximale : 806 km/h – Longueur : 29 m – Autonomie : 1 300 km
Moteur : deux turboréacteurs Pratt & Whitney JT8D-M9

CONCORDE

Premier vol en 1969

Le **Concorde**, surnommé le « grand oiseau blanc », est un avion de ligne supersonique en service de 1976 à 2003 chez *British Airways* et *Air France*. Doté d'une aile Delta (en forme de triangle isocèle), d'un nez basculant permettant d'adapter la visibilité et la pénétration dans l'air suivant les différentes phases du vol, le **Concorde** effectue son premier vol inaugural le dimanche 2 mars 1969. Cet appareil est le premier avion civil à disposer de commandes de vol entièrement électriques et analogiques (en Anglais : « *fly-by-wire* »). Son fuselage peut s'allonger en vol surpersonique lors de l'augmentation importante de température de la cellule.

Vitesse maximale : 2 369 km/h (Mach 2,234) – Longueur : 61,66 m – Autonomie : 6 200 km
Moteur : quatre turboréacteurs Rolls-Royce/Snecma Olympus 593 Mk.6103 de 160 000 ch

F-BWFA

EMBRAER EMB-110 BANDEIRANTE

Premier vol en 1968

Le **Embraer EMB-110 Bandeirante** est un avion à double turbopropulseur utilisé pour l'aviation civile et militaire, construit par l'entreprise brésilienne Embraer, conçu par l'ingénieur français Max Holste. Son nom *Bandeirante* vient du portugais *bandeirante* qui signifie pionnier, en hommage aux pionniers de l'empire portugais. Bimoteur à ailes basses, muni d'un train d'atterrissage tricycle, cet appareil est doté d'un poste de pilotage pouvant accueillir deux pilotes côte-à-côte et peut transporter de 7 à 21 passagers selon la version. L'**EMB-110 Bandeirante** effectue son premier vol le 26 octobre 1968.

Vitesse maximale : 434 km/h – Longueur : 14,23 m – Autonomie : 2 220 km
Moteur : deux turbopropulseurs Pratt & Whitney Canada PT6A-20 de 550 ch

FOKKER F28 FELLOWSHIP

Premier vol en 1967

Le **Fokker F28 Fellowship** est un avion de transport régional à réaction court-courrier, conçu et construit par le constructeur aéronautique néerlandais Fokker. Le prototype du **F28-1000**, immatriculé PH-JHG, vole pour la première fois le 9 mai 1967. Lorsque la production cesse en 1987, 241 appareils ont été produits. Durant son exploitation, le Fokker F28 connaît une dizaine d'accidents, plus ou moins graves.

Vitesse maximale : 849 km/h – Longueur : 27,40 m – Autonomie : 2 590 km
Moteur : deux turboréacteurs Rolls-Royce Spey 550 de 2 230 ch

HAWKER SIDDELEY ANDOVER

Premier vol en 1963

Le **Andover** est un avion de transport militaire conçu à partir du *Hawker Siddeley HS. 748*, pouvant transporter 52 hommes de troupe ou 40 parachutistes ou 24 civières (en cas d'évacuation sanitaire), ainsi que deux ou trois membres d'équipage. Doté d'un train d'atterrissage tricycle, à jambes munies de deux roues en diabolo, le train principal prend place dans les nacelles-moteurs et celui avant s'escamote dans le nez. Grâce à un système de suspension permettant d'abaisser le fuselage, le **Andover** peut facilement être chargé et il est suffisamment vaste pour accueillir trois *Land-Rover*. Le premier prototype effectue son premier vol le 21 décembre 1963.

Vitesse maximale : 512 km/h – Longueur : 23,77 m – Autonomie : 1 865 km (485km en charge maximale)
Moteur : deux turbopropulseurs Rolls Royce Dart RDa.12 Mk.301 de 3 245 ch

FMA IA-50 GUARANI II

Premier vol en 1963

Le **FMA IA-50 Guarani II** est un bimoteur à ailes basses et train tricycle, conçu pour des missions utilitaires, dont le premier prototype effectue son vol inaugural en avril 1963. Pouvant transporter 15 passagers, il servait d'avion de transport léger court courrier, parfois en tant qu'ambulance, mais aussi d'avion de communication, de calibration, de surveillance photographique et d'entraînement. En mai 1965, un **Guarani II** effectue le trajet Buenos Aires-Paris en passant par Río de Janeiro, Recife, Dakar et Madrid, soit une distance de 25 000 km effectuée en 63 heures. Présenté alors au Salon du Bourget, il devient le premier avion d'Amérique latine à traverser l'Océan Atlantique. Un exemplaire est aujourd'hui conservé au Musée de la Force aérienne argentine à Moron.

Vitesse maximale : 500 km/h – Longueur : 14,86 m – Autonomie : 1 995 km
Moteur : deux turbopropulseurs Turbomeca Bastan VIA de 930 ch

MESSERSCHMITT BOLKOW BLOHM HFB 320

Premier vol en 1964

Le **MBB HFB 320 Jet** est un biréacteur d'affaires à ailes médianes caractérisé par un empennage en T, des moteurs fixés latéralement à l'arrière du fuselage et surtout des ailes en flèche négative de 15° (vers l'avant), libérant de l'espace dans la cabine des passagers. Cet appareil effectue son premier vol le 21 avril 1964. Lors de la chute du Mur de Berlin en novembre 1989, les **HFB-320** sont les principaux avions de brouillage électronique et d'écoute en service en Allemagne de l'Ouest.

Vitesse maximale : 825 km/h – Longueur : 16,61 m – Autonomie : 2 370 km
Moteur : deux moteurs General Electric CJ 601-9

BMW 2800 CS - 1970

TRANSALL C-160

Premier vol en 1963

Le **Transall C-160** est un avion bi-turbopropulseur tirant son nom du consortium « *Transport Allianz* », conçu en vue de remplacer le *Nord 2501 Nord Atlas*. Après un premier décollage le 25 février 1963, plus de 150 appareils sont construits. Doté d'une rampe de chargement arrière et de portes latérales employées pour les parachutages, le **C-160** présente un fuselage pressurisé, un dispositif de suralimentation des moteurs à l'eau/méthanol pour l'atterrissage et un ensemble de volets hypersustentateurs. Ces caractéristiques lui confèrent des capacités d'atterrissage et de décollage courts sur terrains sommaires.

Vitesse maximale : 513 km/h – Longueur : 32,40 m – Autonomie : 8 800 km
Moteur : deux turbopropulseurs Rolls-Royce Tyne RTy.20 Mk 22 de 6 100 ch

NORD-AVIATION N262  Premier vol en 1962

Le **Nord N262** est un avion de transport court et moyen-courrier, aussi utilisé en tant qu'avion militaire pour le transport, la formation des équipages, la surveillance maritime notamment par la Marine nationale française. Avion bi-turbopropulsé, développé à partir du *Max-Holste MH.250 Super Broussard*, son prototype décolle pour la première fois le 24 décembre 1962. Le **Nord N262** est capable de décoller sur 670 m avec une masse maximale et sa distance d'atterrissage entre 50 pieds et l'arrêt complet est de 625 m.

Vitesse maximale : 397 km/h – Longueur : 19,28 m – Autonomie : 2 000 km
Moteur : deux turbopropulseurs Turbomeca Bastan VIC de 1 080 ch

PILATUS PC-6

Premier vol en 1959

Le **Pilatus PC-6 Porter**, surnommé la *Jeep des airs*, est un avion utilitaire monomoteur à ailes hautes, à décollage et atterrissage courts (ADAC). Cet appareil, produit à 597 exemplaires en soixante ans, effectue un premier vol en mai 1959. Acheté par une trentaine de pays pour les forces armées et les services publics et exposé au Musée suisse des transports à Lucerne depuis octobre 2016, le **PC-6** est encore utilisé de nos jours par quasiment tous les centres de parachutisme français pour le largage de 9 à 10 parachutistes selon les versions.

Vitesse maximale : 280 km/h – Longueur : 10,90 m – Autonomie : 926 km ou 1 611 km avec réservoirs supplémentaires sous les ailes
Moteur : un turbopropulseur P&W Canada PT6A-27 de 680 ou 750 ch

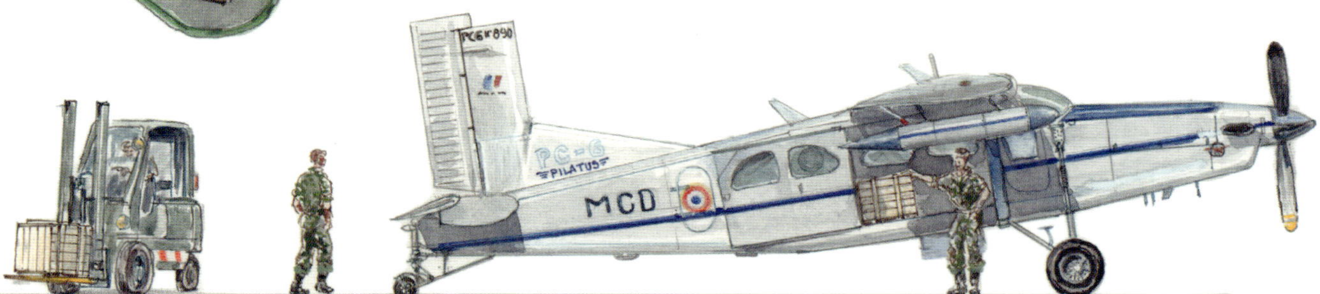

BRITISH AEROSPACE BAe 146-200

Premier vol en 1981

Le **BAe 146** (également appelé **Avro RJ** de **Avro Regional Jet** depuis 1993) est un avion commercial court-courrier de taille moyenne spécialisé pour les aéroports urbains. Appareil avec quatre moteurs à réaction placés sous l'aile située sur le dessus du fuselage (chose peu commune pour un avion commercial civil), le **BAe 146-200** effectue un premier vol en septembre 1981. Avion à décollages et atterrissages courts, il peut transporter 112 passagers répartis sur deux rangées, l'une à deux sièges et l'autre à trois sièges pour la classe économique.

Vitesse maximale : 710 km/h – Longueur : 28,60 m – Autonomie : 2 909 km
Moteur : quatre turbopropulseurs Avco Lycoming ALF 502

Royal
West
N802RW
Royal
West

ANTONOV An-24

Premier vol en 1959

L'**Antonov An-24**, nom de Code OTAN : « **Coke** », est un avion bi-turbopropulseur destiné à remplacer les *Ilyushin Il-12/14* et *Lisunov Li-2* vieillissants. Pouvant transporter de 44 à 52 passagers, plus de 1 200 exemplaires ont été construits par Antonov dans le but d'évoluer dans un environnement rustique, malgré une masse à vide trop élevée. Quelques dizaines d'**An-24** sont produits en Chine par *Xian Aircraft Manufacturing Company* sous la désignation **Yunshuji Y-7**. Ils sont notamment en service dans la force aérienne chinoise et l'aviation des forces terrestres de l'armée populaire de libération.

Vitesse maximale : 500 km/h – Longueur : 23,50 m – Autonomie : 550 km
Moteur : deux turbopropulseurs Ivtchenko AI-24T de 2 820 ch et un réacteur d'appoint Mikouline RU-19-A-300

MIELEC MD-12

Premier vol en 1959

Le **Mielec MD-12** est un monoplan cantilever à ailes basses de construction entièrement métallique. Il a un train d'atterrissage tricycle rétractable et est propulsé par quatre moteurs montés sur les ailes. Monoplan à courte portée pour passagers et avion utilitaire civil, il est resté au stade de prototype et construit qu'en 3 exemplaires. Avec un fuselage en semi-monocoque et avec les portes en partie avant, le **MD-12** présente une cabine de passagers avec 20 sièges, des toilettes à l'arrière et un espace pour 200 kg de bagages dans le nez. Une fois débarrassé de ses sièges facilement amovibles, il peut transporter jusqu'à 1 900 kg de fret.

Vitesse maximale : 305 km/h – Longueur : 15,80 m – Autonomie : 2 100 km
Moteur : quatre radiaux à 7 cylindres refroidis par air WN-3 de 330 ch

GRUMMAN GULFSTREAM I

Premier vol en 1958

Le **Grumman G-159 « Gulfstream I »** est un avion d'affaire et de transport régional bimoteur, à ailes basses cantilevers droites sur lesquelles reposent les nacelles des moteurs. Présentant un train d'atterrissage tricycle entièrement escamotable, le **Gulfstream I** peut transporter de 24 à 37 passagers ou seulement 8 passagers en version VIP. Après un premier vol en août 1958, il devient le premier bimoteur d'affaire états-unien certifié pour voler à une altitude supérieure à 9 140 m.

Vitesse maximale : 560 km/h – Longueur : 19,43 m – Autonomie : 4 086 km
Moteur : deux Rolls-Royce Dart RDa-7/2 de 2 220 ch

CONVAIR 440 METROPOLITAN

Premier vol en 1955

Le **Convair 440** ou **CV-440** (au même titre que le **CV-340**) est un avion bimoteur de transport issu du *Convair 240* et remplaçant du DC-3 chez plusieurs compagnies aériennes. Après un premier vol début octobre 1955, le **CV-440** est remotorisé avec des turbopropulseurs et la cabine est insonorisée pour un meilleur confort des 44 à 52 passagers qu'il peut transporter. Cet appareil peut aussi être doté d'un radar météo allongeant sa pointe avant.

Vitesse maximale : 5 km/h – Longueur : 22,75 m – Autonomie : 1 930 km
Moteur : deux Pratt & Whitney R-2800-CB16 de 2 400 ch

DOUGLAS DC-8

Premier vol en 1958

Le **Douglas DC-8** est un avion de ligne quadriréacteur à fuselage étroit, moyen et long-courrier, présentant une voilure en flèche et des moteurs placés dans des nacelles suspendues sous les ailes. Pouvant transporter entre 117 et 259 passagers selon les versions, le **DC-8** est l'un des tout premiers avions de ligne à réaction. Après un premier vol le 30 mai 1958, 556 exemplaires sont produits jusqu'en 1972. Certains **DC-8** remotorisés sont encore utilisés comme avion-cargo.

Vitesse maximale : 946 km/h – Longueur : 45,94 m – Autonomie : entre 4 800 et 10 800 km
Moteur : quatre Pratt & Whitney JT4A-9 turbojets

AUTOCAR BERLIET

ANTONOV An-10

Premier vol en 1958

Le **Antonov An-10** (nom de Code OTAN : *Cat*) est un avion de transport quadri-turbopropulseur existant en deux versions : un appareil cargo à vocation militaire désigné *An-12* et un appareil commercial désigné *An-10*. Développé en parallèle de la version militaire, l'**An-10** civil partage avec l'*An-12* de nombreux systèmes et équipements tels que la voilure, la motorisation, la section avant du fuselage et le train d'atterrissage. L'**An-10** étant pressurisé, son fuselage présente une section circulaire différente de celle de la version militaire.

Vitesse maximale :725 km/h – Longueur : 37 m – Autonomie : 1 200 à 4 075 km
Moteur : quatre Ivchenko AI-20K de 4 015 ch

SCOTTISH AVIATION TWIN PIONEER CC2

Premier vol en 1955

Le **Scottish Aviation Twin Pioneer** est un avion de transport à décollage et atterrissage court, propulsé par deux moteurs radiaux *Alvis Leonides*. Présentant une course d'atterrissage très courte, le **Twin Pioneer** est un monoplan à aile haute avec un ensemble triple aileron et gouvernail et un train à roue arrière fixe. Après un premier vol effectué fin juin 1955, il assure des opérations civiles et militaires.

Vitesse maximale : 266 km/h – Longueur : 13,79 m – Autonomie : 1 080 km
Moteur : deux Alvis Leonides Mk-531 de 650 ch

LOCKHEED C-130 HERCULES

Premier vol en 1954

Le **Lockheed C-130 Hercules** est un avion de transport militaire des années 1950, quadri-turbopropulseur encore largement utilisé aujourd'hui en versions améliorées. Après un premier vol de son prototype YC-130 réalisé en août 1954, il est construit à plus de 2 200 exemplaires pour une cinquantaine de pays utilisateurs. Pouvant être utilisé comme avion bombardier, l'**Hercules** existe en plusieurs variantes spécialisées telles que l'*AC-130 Gunship*, l'*EC-130* de guerre électronique, le *HC-130* de recherche et de sauvetage, le *KC-130* de ravitaillement en vol, le *MC-130* de transport d'assaut ou encore le *WC-130* de reconnaissance météorologique.

Vitesse maximale : 645 km/h – Longueur : 29,79 m – Autonomie : 5250 km
Moteur : quatre turbopropulseurs Rolls-Royce Allison T56-A-15 de 4 300 ch

DASSAULT MD 312 FLAMANT

Premier vol en 1949

Le **Dassault MD 312 Flamant** est un avion militaire de liaison et d'entraînement pour la formation des équipages de transport, produit à 117 exemplaires jusqu'en 1954. Pouvant transporter jusqu'à 9 passagers dont 3 hommes d'équipage, cet appareil est doté d'une double commande afin d'assurer l'apprentissage du pilotage. Ressemblant beaucoup à certains appareils de la Seconde Guerre mondiale, le **MD 312** a permis de former plus de 3 000 pilotes français et étrangers (de 23 nationalités).

Vitesse maximale : 380 km/h – Longueur : 12,58 m – Autonomie : 1 500 km
Moteur : deux SNECMA Renault 12T de 580 ch

SALMSON S4-61L - 1951

DE HAVILLAND DH.114 HERON

Premier vol en 1950

Le **De Havilland DH.114 Heron** est un petit avion de ligne à hélices, monoplan rustique à aile basse, doté d'un train d'atterrissage tricycle et destiné à servir sur des lignes régionales. Après un premier vol en mai 1950, cet appareil est produit à 150 exemplaires et exporté dans une trentaine de pays. Trois **DH.114**, acquis par la *Royal Air Force*, ont participé au transport de la famille royale entre 1953 et 1965. On peut encore en admirer dans certains musées aéronautiques du Royaume-Uni et dans le monde.

Vitesse maximale : 325 km/h – Longueur : 14,78 m – Autonomie : 2 870 km
Moteur : quatre De Havilland Gipsy Queen 30 Mk-2 de 250 ch

BREDA-PITTONI BP.471

Premier vol en 1950

Le **Breda-Pittoni BP.471** est un avion de transport bimoteur à ailes hautes en mouette inversée, de structure métallique avec un fuselage cylindrique. Doté d'un train d'atterrissage tricycle escamotable, d'un poste de pilotage équipé de deux sièges côte-à-côte pour le pilote et le copilote, le prototype du **BP.471** effectue son premier vol en 1950. Cet avion peut assurer le transport de 18 passagers, le transport de fret, le transport militaire, l'entraînement à la navigation et au pilotage sur bimoteur. Malgré ses fonctions multiples, aucune commande en série du **BP.471** ne sera passée.

Vitesse maximale : 473 km/h – Longueur : 17,50 m – Autonomie : 2 000 km
Moteur : deux Pratt & Whitney R-1830-92 de 1 200 ch

ALFA ROMEO 6C2500 Cabriolet 1948

ILYUSHIN IL-14

Premier vol en 1950

Le **Ilyushin Il-14** (nom de Code OTAN : « *Crate* ») est un avion de transport civil et militaire pouvant transporter 32 passagers et 4 membres d'équipage. Avion plutôt rustique et capable d'opérer à partir de pistes peu préparées, le premier prototype effectue son premier vol en 1950. Le **Il-14** est doté d'une voilure à deux ailes droites montées en position basse, d'une dérive carrée et d'un empennage horizontal en forme de dièdre positif. Après le lancement de la production en série, les premiers appareils entrent en service en 1954.

Vitesse maximale : 417 km/h – Longueur : 22,30 m – Autonomie : 1305 km
Moteur : deux Chvetsov ASh-82 de 1 900 ch

BREGUET 2 PONTS

Premier vol en 1949

Le **Breguet Deux-Ponts** est un avion de transport de fret et de passagers pouvant être accueillis sur deux ponts, le premier de sa catégorie à présenter cette caractéristique. Quadrimoteur à ailes médianes, il peut transporter un fret de 17 tonnes ou 130 passagers et est exploité entre 1953 et 1972. Avion très sûr mais inconfortable et d'exploitation coûteuse, le **Bréguet Deux-Ponts** est surnommé le « *camion volant du Sahara* » suite aux services effectués entre la France et l'Algérie pour *Air France* et l'armée de l'air française.

Vitesse maximale : 450 km/h – Longueur : 28,94 m – Autonomie : 4 000 km
Moteur : quatre Pratt & Whitney R-2800-CB 16 de 2 400 ch

DOUGLAS C-117D

Premier vol en 1949

Le **Douglas C-117D** (dernier nom du DC-3S ou R4D-8) est un avion bimoteur plus rapide que les avions de ligne plus récents et pouvant transporter 30 passagers. Trop coûteux pour les petites compagnies commerciales, seuls trois sont vendus à *Capital Airlines*, mais grâce à ses performances améliorées, l'*US Navy* et l'*US Marine Corps* ont commandé une centaine de ces **DC-117D**. Le premier appareil effectue son vol inaugural le 23 juin 1949.

Vitesse maximale : 310 km/h – Longueur : 19,66 m – Autonomie : 2 600 km
Moteur : deux Pratt & Whitney R-1830-90C de 1 200 ch

FAIRCHILD C-123 PROVIDER

Premier vol en 1949

Le **C-123 Provider** est un avion de transport militaire bimoteur mis en service à partir de 1955 par l'armée des États-Unis et celles d'une dizaine d'autres pays. Monoplan à aile haute cantilever de construction métallique, cet appareil de grande dimension est doté d'un train d'atterrissage tricycle. Le fuselage relevé à l'arrière présente une trappe d'accès servant de rampe pour le chargement et le parachutage des cargaisons. Utilisé au cours de plusieurs opérations lors de la guerre du Viêt Nam, le **C-123** peut transporter 60 soldats équipés ou 50 civières et 6 infirmiers ou du fret. Au début des années 2000, quelques exemplaires sont encore utilisés par des opérateurs privés.

Vitesse maximale : 367 km/h – Longueur : 23,92 m – Autonomie : 1 666 km
Moteur : deux Pratt & Whitney R-2800 Double Wasp de 2 500 ch

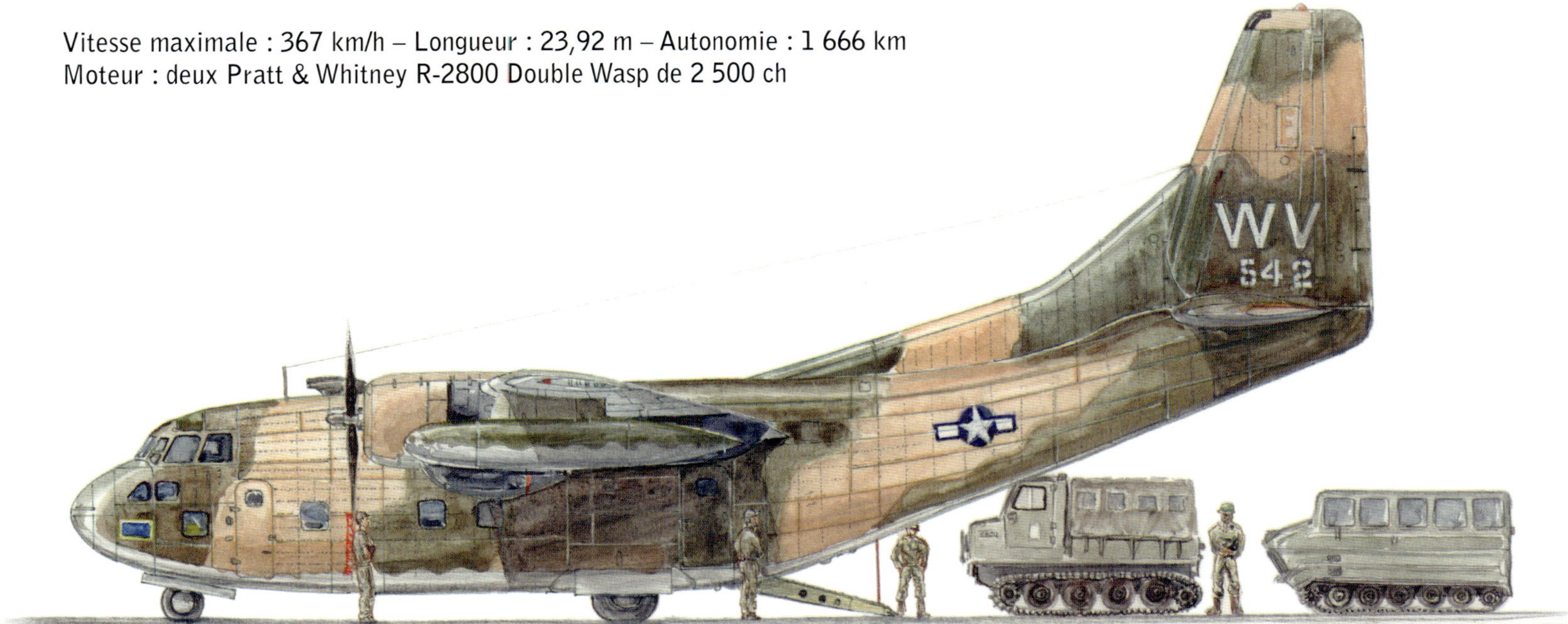

DE HAVILLAND DH.106 COMET 4B

Premier vol en 1949

Le **DH.106 Comet** est le premier avion de ligne à réaction au monde. Quadrimoteur à ailes basses cantilever, de construction entièrement métallique avec une structure trop fragile qui sera corrigée ensuite, cet appareil en a inspiré plus d'un parmi ses concurrents. Après un premier vol en juillet 1949, sa mise en service est marquée par plusieurs accidents tragiques, mais il est exploité pendant plus de 50 ans. Le **Comet**, avion innovant et spacieux pour ses passagers, est doté d'une cuisine, de toilettes séparées, mais aussi de radeaux dans les ailes et de gilets de sauvetage sous les sièges.

Vitesse maximale : 1 000 km/h – Longueur : 33,99 m – Autonomie : 4 800 km
Moteur : quatre Rolls-Royce Avon 525B

ARMSTRONG WHITWORTH A.W. 55 APOLLO

Premier vol en 1949

Le **Armstrong Whitworth A.W. 55 Apollo** est un quadri-turbopropulseur de transport, monoplan cantilever à ailes basses avec un train d'atterrissage tricycle rétractable, destiné à concurrencer le *Vickers Viscount* mais il n'est pas produit en série du fait de la faible puissance de ses moteurs. Seuls deux prototypes et une cellule d'essais statiques seront construits et, malgré les efforts pour l'améliorer, les divers essais suite au premier vol effectué le 10 avril 1949, se solderont par un abandon en juin 1952.

Vitesse maximale : 531 km/h – Longueur : 28,04 m – Autonomie : 1 500 km
Moteur : quatre Armstrong-Siddeley AS.1 Mamba Mk 504 de 1 010 ch

AVRO CANADA C-102 JETLINER  Premier vol en 1949

Le **Avro C-102 Jetliner** est un prototype d'avion de ligne moyen-courrier à réaction, second avion de ligne à réaction au monde après le *DH-106 Comet*. Conçu pour une configuration de 30 à 50 sièges, le prototype du **C-102** allie vitesse et confort avec une cabine pressurisée et insonorisée. Cet appareil prometteur qui donne le nom de « *jetliner* » à bon nombre d'autres appareils du même type, ne trouve pas le succès escompté et le prototype est détruit après 1951.

Vitesse maximale : 805 km/h – Longueur : 25,10 m – Autonomie : 2 000 km
Moteur : quatre Rolls-Royce Derwent 5/17

HANDLEY PAGE HASTINGS

Premier vol en 1946

Le **Handley Page Hastings** est un avion de transport à long rayon d'action, quadrimoteur monoplan à aile basse cantilever, conçu pour remplacer l'*Avro York*. Entièrement métallique, avec des ailes à dièdre positif, cet appareil est doté d'un train d'atterrissage rétractable avec roulette de queue. Construit à 151 exemplaires (141 pour la *Royal Air Force* et 4 pour la *Royal New Zealand Air Force)*, le **Hastings** peut transporter 50 soldats entièrement équipés ou 30 parachutistes, 32 civières et 28 blessés assis, avec 5 hommes d'équipage.

Vitesse maximale : 560 km/h – Longueur : 25,50 m – Autonomie : 2 700 km
Moteur : quatre Bristol Hercules Mk.106 de 1 675 ch

DOUGLAS DC-6B

Premier vol en 1946

Le **Douglas DC-6** est un avion de ligne quadrimoteur construit à 704 exemplaires. Destiné au transport militaire à ses débuts, cet appareil, plus performant que le **C-54**, est transformé en avion civil long courrier à la fin de la Seconde Guerre mondiale. Certains **DC-6B**, transformés en bombardiers d'eau, sont utilisés au Canada et cinq d'entre eux en France entre 1980 et 1990. Le Centre d'Expérimentations nucléaires français du Pacifique (CEP) a aussi utilisé ces appareils.

Vitesse maximale : 507 km/h – Longueur : 32,18 m – Autonomie : 4 840 km
Moteur : quatre Pratt & Whitney R-2800-CA-15 de 2 400 ch

BRISTOL 170 MK1 FREIGHTER

Premier vol en 1946

Le **Bristol Type 170 Freighter** est un avion de transport mixte (passagers et fret), bimoteur monoplan à aile haute construit à 214 exemplaires. De construction métallique et avec un train d'atterrissage classique fixe à large voie, le **Bristol 170 MK1** présente une double porte avant en coquille et un cockpit biplace côte à côte surélevé. En service dans le civil mais aussi dans le domaine militaire, cet avion vole pour une vingtaine de pays différents jusqu'en 1999. On peut le voir aujourd'hui au *Reynold Alberta Museum* à Wetaskiwin.

Vitesse maximale : 314 km/h – Longueur : 20,83 m – Autonomie : 790 km
Moteur : deux Bristol Hercules Mk. 672 de 1 980 ch

RM
US NAVY
YOUR NA
164
NAVY
NAVAL RESERVE

LOCKHEED R6V CONSTITUTION

Premier vol en 1946

Le **Lockheed R6V Constitution** est un grand avion de ligne et de transport militaire à double-pont, propulsé par des moteurs à pistons, et s'avère trop grand et sous-motorisé pour être exploité. Les deux seuls prototypes construits présentent un fuselage pressurisé dit à deux lobes, un train d'atterrissage tricycle intégralement escamotable dans de grandes soutes. Le **Constitution** effectue un premier vol en novembre 1946 et il est le plus gros avion utilisé par la *Navy*.

Vitesse maximale : 490 km/h – Longueur : 47,60 m – Autonomie : 8 650 km
Moteur : quatre Pratt & Whitney R-4360 de 3 000 ch

AVRO TUDOR VII

Premier vol en 1946

Le **Tudor VII** est un avion de type *Tudor II* conçu pour transporter 60 passagers sur les lignes de l'Empire, construit en un seul exemplaire. Après un premier vol le 17 avril 1946, le **Tudor VII** est par la suite équipé de quatre groupes motopropulseurs Bristol Hercules 120 et doté d'un train d'atterrissage plus court avec ses moteurs repositionnés (inclinés) pour donner une meilleure garde au sol. Cet appareil est utilisé pour des expériences de température de cabine et est vendu pour des pièces de rechange en mars 1954.

Vitesse maximale : 512 km/h – Longueur : 24,23 m – Autonomie : 5 840 km
Moteur : quatre V12 Rolls-Royce Merlin 100 puis motopropulseurs Bristol Hercules 120

VICKERS VC.1 VIKING

Premier vol en 1945

Le **Vickers VC.1 Viking** est un avion de ligne, bimoteur à aile mi-basse, construit à 163 exemplaires. Doté d'un train d'atterrissage classique rétractable et d'un fuselage métallique, la position mi-basse de la voilure du **Viking** oblige les passagers à enjamber le longeron arrière traversant la cabine sur une hauteur de plus de 50 cm. Cet appareil servant dans plus de 40 compagnies jusqu'en janvier 1971 peut transporter de 21 à 36 passagers selon le modèle.

Vitesse maximale : 423 km/h – Longueur : 19,86 m – Autonomie : 2 740 km
Moteur : deux Bristol Hercules 634 de 1 690 ch

LOCKHEED L-049 CONSTELLATION

Premier vol en 1945

Le **Lockheed L-049 Constellation** (connu sous le nom C-69 avant 1945) est un avion de transport militaire dans la lignée du Constellation, en service pendant la Seconde Guerre mondiale et modifié en version civile après. Pouvant transporter entre 60 et 81 passagers, avec 3 pilotes et 2 ou 3 personnels de bord, sa production est achevée en 1946 et le **Constellation** est remplacé par les versions L-649 et L-749. Il est aujourd'hui exposé au *Pima Air & Space Museum*.

Vitesse maximale : 504 km/h – Longueur : 29,03 m – Autonomie : 6 430 km
Moteur : quatre Wright R-3350-745C18BA-1 de 2 200 ch

DOUGLAS C-74 GLOBEMASTER

Premier vol en 1945

Le **Douglas C-74 Globemaster** est un avion-cargo développé après l'attaque japonaise de *Pearl Harbor* afin de franchir de grandes distances telles que la traversée du Pacifique. De construction entièrement métallique, avec un train d'atterrissage de type tricycle (diabolo à deux roues à l'avant, et deux bogies à deux roues pour le train principal), le **C-74** est doté de volets *Fowler* sur toute la longueur du bord de fuite de l'aile afin d'améliorer ses performances au décollage et à l'atterrissage.

Vitesse maximale : 528 km/h – Longueur : 37,85 m – Autonomie : 5 470 km
Moteur : quatre Pratt & Whitney R-4360-49 Wasp Major de 3 250 ch

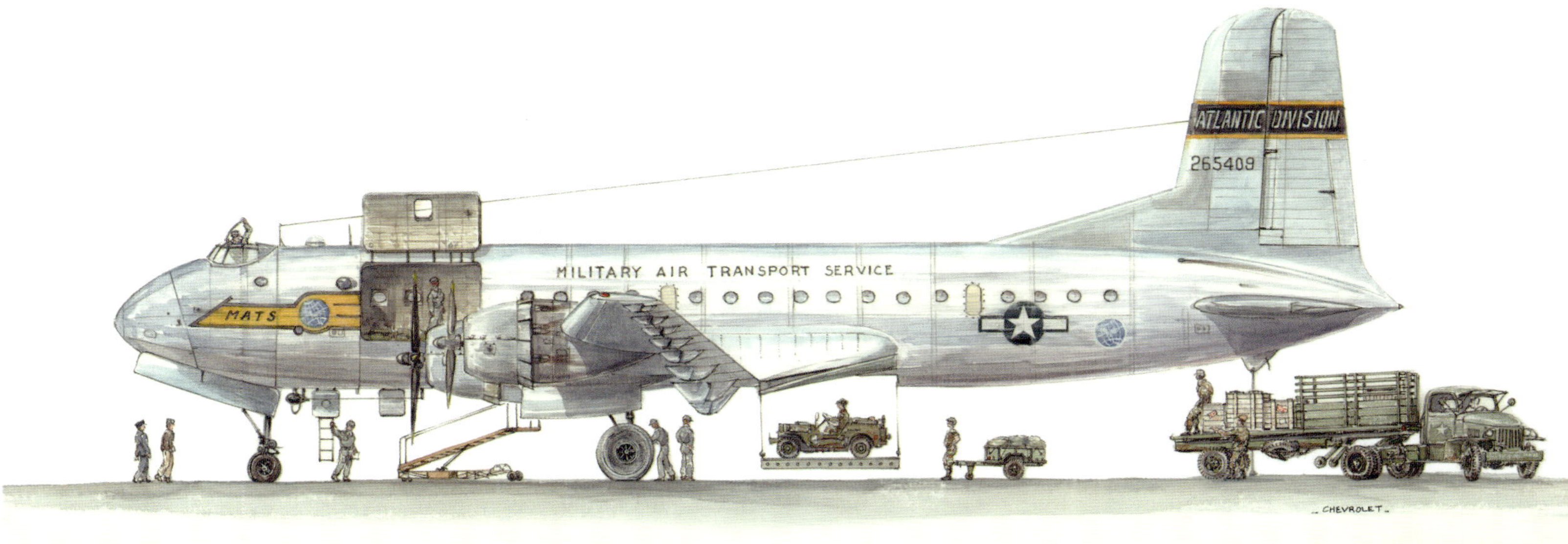

BURNELLI CBY-3 LOADMASTER

Premier vol en 1945

Le **Burnelli CBY-3 Loadmaster** est l'unique exemplaire d'un avion de transport bimoteur non conventionnel conçu par l'ingénieur américain Vincent Burnelli. Il effectue un premier vol le 17 juillet 1945 mais n'aura pas le succès escompté par son concepteur qui continue cependant à le promouvoir. Le **Loadmaster** est développé sur une quarantaine d'années comme avion de ligne commercial dans le Nord du Canada et en Amérique du Sud.

Vitesse maximale : 356 km/h – Longueur : 16,61 m – Autonomie : 7H
Moteur : deux Pratt & Whitney R-1830-S1C3-6 Twin-Wasp 14-cyl de 1200 ch

BUDD RB-1 CONESTOGA

Premier vol en 1943

Le **Conestoga,** désigné **RB-1** après avoir effectué un premier vol le 31 octobre 1943, est un avion de transport de marchandises variées, bimoteur à aile haute monoplan avec train d'atterrissage tricycle. Du fait de sa forme et de ses capacités de transport, le **Conestoga** tire son nom des chariots bâchés des pionniers de la conquête de l'Ouest. De construction mixte, cet appareil présente un fuselage en acier inoxydable de faible épaisseur et une voilure en partie entoilée.

Vitesse maximale : 317 km/h – Longueur : 21 m – Autonomie : 2 610 km
Moteur : deux Pratt & Whitney R-1830-92 Twin Wasp de 1200 ch

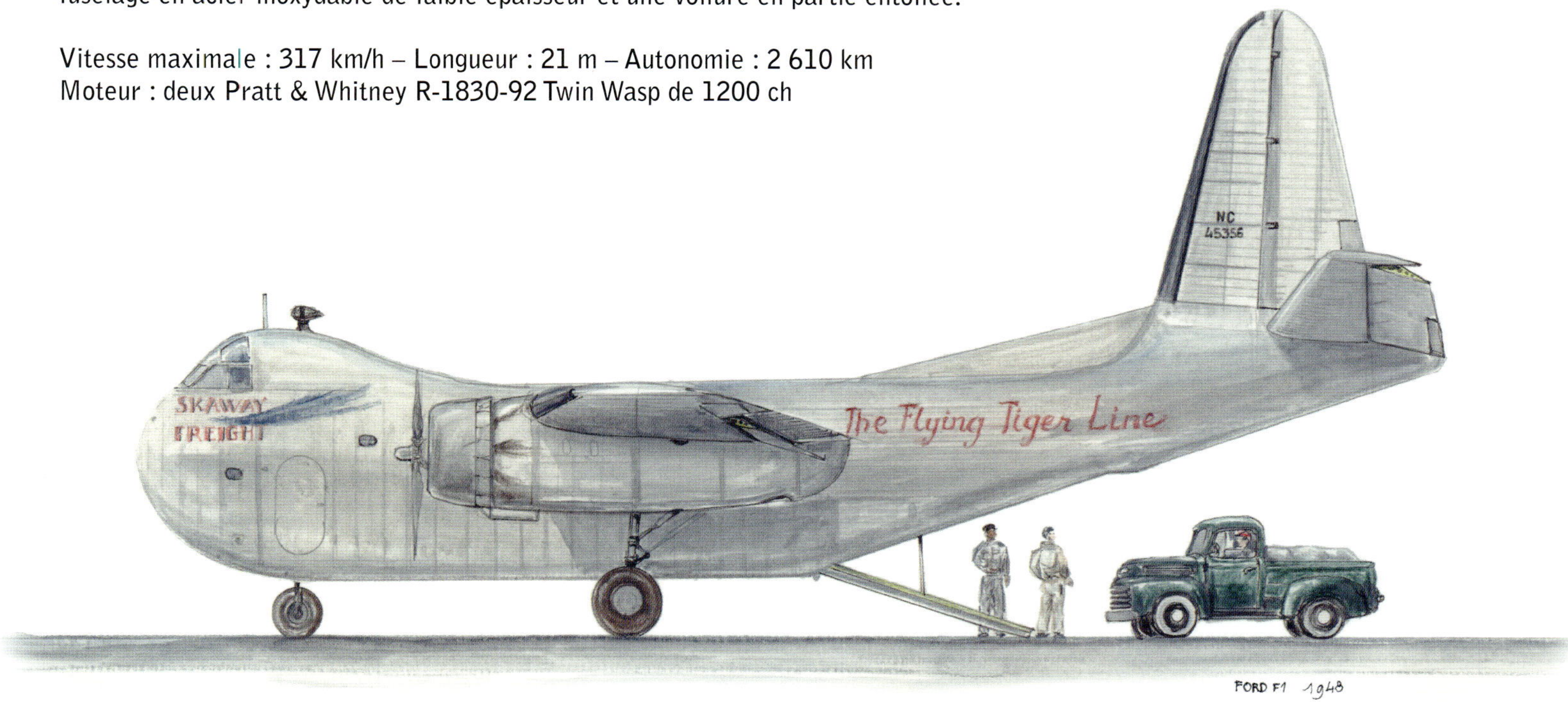

CASTEL MAUBOUSSIN CM.100 "FOUGA"

Premier vol en 1944

Le **Fouga CM.100** est le prototype d'un avion de transport militaire, dérivé du planeur *Fouga CM.10*, planeur d'assaut conçu pour un usage militaire, auquel sont rajoutés deux propulseurs Renault 12S. Monoplan à aile haute pouvant transporter 10 à 15 passagers, le **CM.100** présente un train fixe et un fuselage avec nez monté sur charnière pour le chargement.

Vitesse maximale : 280 km/h – Longueur : 17,90 m – Autonomie : 1 000 km
Moteur : deux Renault 12S de 450 ch

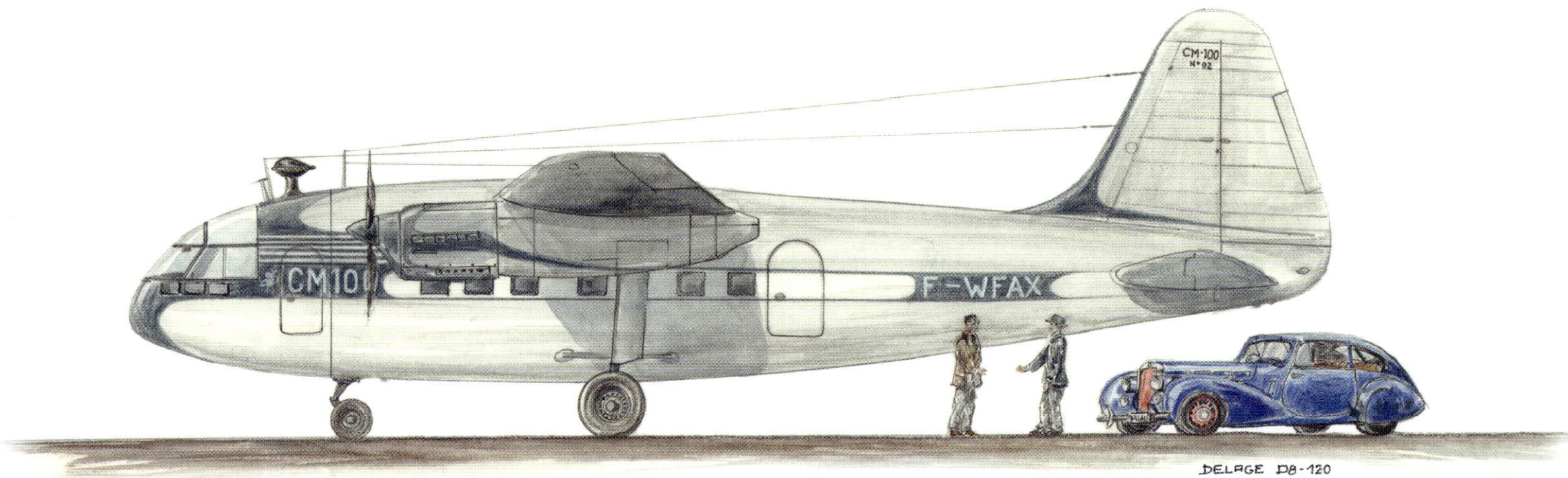

SNAC NC-702 MARTINET

Premier vol en 1944

Le **NC-702** est un avion bimoteur dérivé du *Siebel 204A* et destiné au transport de personnel militaire avec 8 sièges, mais aussi au transport de courrier. Monoplan à aile basse et à nez allongé, le **NC-702** est construit à 110 exemplaires. Utilisé par l'Armée de l'Air française et par la Marine jusqu'en 1963, il l'est aussi par la compagnie aérienne *Air France* avant d'être remplacé par des DC-3 plus grands. On peut encore le voir aujourd'hui exposé au *Conservatoire de l'Air et de l'Espace d'Aquitaine*, au *Deutsches Technikmuseum* à Berlin et à Stockholm en Suède.

Vitesse maximale : 350 km/h – Longueur : 12,81 m – Autonomie : 1 400 km
Moteur : deux Renault 12S-00 de 12 cylindres en V inversés développant 450 ch

DOUGLAS DC-4

Premier vol en 1942

Le **Douglas DC-4** est un avion de transport premier quadrimoteur et premier à être doté d'un train d'atterrissage tricycle construit par *Douglas Aircraft Company*. Après un premier vol début juin 1938, le **DC-4** participe à la Deuxième Guerre mondiale sous les désignations militaires *C-54 Skymaster (USAAF)* ou *R5D (US Navy)*. Construit entre 1942 et 1947, après avoir assuré le ravitaillement de Berlin pendant le blocus de 1948-49 (*pont aérien*), le **DC-4** est par la suite en service notamment pour la compagnie Air France pour le transport de passagers à l'échelle mondiale.

Vitesse maximale : 450 km/h – Longueur : 28,6 m – Autonomie : 3 350 km
Moteur : quatre Pratt & Whitney R-2000-2SD-1G Twin Wasp de 1 450 ch

AVRO 685 YORK

Premier vol en 1942

Le **Avro 685 York** est un avion de ligne quadrimoteur de transport à aile haute pouvant transporter jusqu'à 56 passagers sur 14 rangées de 4 sièges mais pour les vols assez longs, seuls 21 passagers répartis sur 7 rangées de 3 sièges prenaient place. Il faut ajouter deux pilotes, un radio, un navigateur, plus un steward pour le personnel d'équipage. De construction entièrement métallique, mises à part les gouvernes qui sont entoilées, le **Avro 685 York** présente un fuselage en section carrée, un empennage tri-dérive de forme ovale, hérité du *Lancaster*. Son premier vol a lieu début juillet 1942.

Vitesse maximale : 479 km/h – Longueur : 23,9 m – Autonomie : 4 800 km
Moteur : quatre V12 Rolls-Royce Merlin à 24 cylindres refroidis par liquide de 1 280 ch

FIAT G.12 LB

Premier vol en 1945

Le **Fiat G.12 LB** est un avion de transport trimoteur à aile basse capable de voler à haute altitude. De construction métallique avec un fuselage fin et une aile de grande surface, cet appareil présente une grande stabilité. Version d'après-guerre du *G.12*, le **Fiat G.12 LB** est un avion civil pouvant transporter entre 16 et 22 passagers, en service pour la compagnie nationale *Alitalia*, construit entre 1945 et 1950.

Vitesse maximale : 396 km/h – Longueur : 20,16 m – Autonomie : 1 740 km
Moteur : trois Bristol Pegasus de 730 ch

LOCKHEED MK-I HUDSON

Premier vol en 1938

Le **Lockheed Hudson MK-I** est un avion bombardier léger mais aussi avion de reconnaissance côtière, dérivé de l'avion de ligne *Lockheed L-14 Super Electra*. Construit à 401 exemplaires pour la *Royal Air Force RAF* (351) et la *Royal Australian Air Force RAAF* (50), le **MK-I** peut transporter 3 membres d'équipage (pilote, navigateur et radio-mitrailleur), deux mitrailleuses *Browning* fixes dans le nez et deux autres dans la tourelle dorsale. Cet appareil est le premier à être doté d'un radar pour la détection des sous-marins, ce qui en fait une de ses particularités.

Vitesse maximale : 396 km/h – Longueur : 13,51 m – Autonomie : 3 154 km
Moteur : deux Wright GR-1820-G102A Cyclone 9 cylindres de 1 100 ch

RENARD R35

Premier vol en 1938

Le **Renard R35** est le premier avion trimoteur de ligne du genre à présenter une cabine pressurisée, prévu pour transporter 20 passagers. Avec une cabine en alliage léger de forme cylindrique et un fuselage de queue en métal recouvert de toile tendue, le **Renard R35** est caractérisé par ses hublots circulaires en cabine et à l'avant du poste de pilotage. Durant son premier vol le 1er avril 1938, l'unique prototype du **Renard R35** (immatriculé OO-ARM) s'écrase tuant le pilote Georges Van Damme, adjudant de réserve de l'Aéronautique militaire.

Vitesse maximale : 435 km/h – Longueur : 17,50 m – Autonomie : 1 800 km
Moteur : trois Gnome et Rhône 9K de 750 ch

POLIKARPOV RAFAELYANTS PR-12

Premier vol en 1938

Le **Polikarpov PR-12** est un avion monomoteur monoplan cantilever à aile basse, basé sur le *PR-5* et construit en un seul exemplaire en 1938. Présentant un fuselage semi-monocoque avec cabine fermée pouvant accueillir 4 passagers, le **PR-12** est destiné à couvrir la route Kharkov – Moscou. Pour la seule année 1940, il parcourt 28 000 km et transporte sur l'ensemble du voyage une charge de plus de 9 500 kg. Malgré ses performances, il ne sera pas produit en série.

Vitesse maximale : 228 km/h – Longueur : 10,56 m – Autonomie : 800 km
Moteur : un Mikulin M-17B F-500 de 715 ch

FARMAN F224

Premier vol en 1937

Le **Farman F224** est un avion de ligne quadrimoteur construit à 6 exemplaires commandés par la compagnie *Air France*. Pouvant transporter 40 passagers et un équipage avec pilote, mécanicien et radio-navigateur, tout le confort nécessaire est prévu (cabines passagers séparées par des toilettes, bar, soutes à bagages). Après un premier vol début janvier 1937, c'est finalement l'Armée de l'Air française qui utilise le **F224** pour le transport de 39 parachutistes en version *F224 TT*.

Vitesse maximale : 310 km/h – Longueur : 23,35 m – Autonomie : 1 200 km
Moteur : quatre Gnôme Rhône 14N1 de 950 ch

FOCKE WULF FW 200 CONDOR  Premier vol en 1937

Le **Focke-Wulf Fw 200 Condor** est un avion monoplan quadrimoteur tout métal conçu à l'origine pour le transport de passagers ou de fret longue portée. Pendant la Seconde Guerre mondiale, le **Fw 200** est converti en avion de reconnaissance et bombardier contre le trafic maritime des alliés. Devant le nombre important de navires coulés notamment sur l'Océan Atlantique, il est surnommé « *le fléau de l'Atlantique* ». Cet avion est devenu la base de tous les modèles militaires ultérieurs utilisés par la *Luftwaffe*.

Vitesse maximale : 360 km/h – Longueur : 23,46 m – Autonomie : 4 000 km
Moteur : quatre BMW Bramo-Fafnir 323R2 de 1 200 ch

SAVOIA-MARCHETTI SM.75

Premier vol en 1937

Le **Savoia-Marchetti SM.75** est un avion de transport monoplan trimoteur à ailes basses, rapide, robuste et capable de voler sur longue distance. Cet appareil a d'ailleurs établi un bon nombre de records de vitesse et de distance. De construction mixte métal et bois, le **SM.75** peut transporter 24 passagers avec trois hommes d'équipage et un steward. Construit à plus de 90 exemplaires, il est doté d'une cabine formée de deux compartiments séparés par un bar, de toilettes et d'un emplacement pour des bagages (ou du fret) à l'arrière de la cabine postérieure et sous le plancher de la cabine arrière.

Vitesse maximale : 363 km/h – Longueur : 21,60 m – Autonomie : 2 200 km
Moteur : trois Alfa Romeo 126 RC.34 à 9 cylindres, moteur en étoile de 750 ch

DEWOITINE D620 01

Premier vol en 1936

Le **Dewoitine D.620** est un avion monoplan trimoteur à ailes basses, construit en un seul exemplaire et dérivé du *Dewoitine D338* en service chez *Air France*. Présentant un fuselage plus long, un gouvernail et une quille plus hauts, des capots allongés enfermant les moteurs, le **D.620** peut transporter jusqu'à 30 passagers dans une cabine fermée, divisée en deux sections (avec 9 sièges à l'avant et 21 dans la cabine principale) présentant des hublots carrés. Après un premier vol le 22 octobre 1936, il n'est jamais entré en service car jugé démodé face au futur *D.342* plus moderne.

Vitesse maximale : 350 km/h – Longueur : 23,59 m – Autonomie : 2 100 km (en charge maximale)
Moteur : trois Gnome & Rhône 14Kdrs de 14 cylindres en double étoile développant 740 ch

MILES M-8 PEREGRINE

Premier vol en 1936

Le **Miles M.8 Peregrine** est un avion monoplan à ailes basses, premier bimoteur développé par *Miles Aircraft Limited.* Avec un châssis rétractable, cet appareil peut transporter 6 passagers et deux membres d'équipage. Après un premier vol le 12 Septembre 1936, le **M.8 Peregrine** ne sera pas produit en série perdant tout attrait face à son concurrent, le *Miles Magister* (aussi connu sous le nom *Hawk Trainer*).

Vitesse maximale : 303 km/h – Longueur : 9,56 m
Moteur : deux De Havilland Gipsy Six série II de 205 ch

ROVER 14 - 1935

JUNKERS JU 86

Premier vol en 1936

Le **Junkers Ju 86** est un bimoteur monoplan à ailes basses en version avion de ligne à grande vitesse utilisé par la compagnie aérienne *Lufthansa* et en version bombardier moyen pour l'Armée de l'Air allemande la *Luftwaffe*. Après un premier vol d'essai du prototype *Ju 86V-1*, équipé de moteurs *Siemens SAM 22B* effectué début novembre 1934, l'appareil sera livré à environ 900 exemplaires, toutes versions civiles et militaires confondues.

Vitesse maximale : 325 km/h – Longueur : 17,57 m – Autonomie : 570 km
Moteur : deux Junkers Jumo 205 C-4 de 600 ch

FARMAN F-431

Premier vol en 1935

Le **FARMAN F-431** est un avion bimoteur de transport léger dérivé du *Farman 430*. Monoplan à aile basse, de construction en bois, cet appareil effectue un premier vol en janvier 1935. Doté d'un train d'atterrissage à roue arrière et propulsé par deux moteurs à pistons inversés, le **F-431** peut transporter 6 passagers dont le pilote dans un cockpit et une cabine fermée. Exposé au Salon de l'Aéronautique de Paris en 1934, le **F-431** a été produit en 3 exemplaires.

Vitesse maximale : 230 km/h – Longueur : 12,06 m– Autonomie : 980 km
Moteur : deux Renault 6Pdi de 180 ch

BRISTOL 143

Premier vol en 1936

Le **Bristol Type 143** est l'unique prototype d'un avion monoplan à aile basse, bimoteur civil pouvant transporter 8 passagers et 2 hommes d'équipage. Développé en parallèle du célèbre *Bristol Type 142*, le **Bristol Type 143** présente de nombreuses similitudes dans les caractéristiques : le train d'atterrissage rétractable, les volets et les ailes. Construit en un seul exemplaire, le **Type 143** effectue un premier vol le 20 janvier 1936.

Vitesse maximale : 400 km/h – Longueur : 13,16 m – Autonomie : 2 013 km
Moteur : deux Bristol Aquila I de 500 ch

MG TA - 1936

DOUGLAS DC-3

Premier vol en 1936

Le **Douglas DC-3** est un avion de transport bimoteur à hélices, dont la vitesse et le rayon d'action révolutionnent le transport aérien. Conçu à l'origine comme une évolution du Douglas DC-2 permettant le transport nocturne et confortable de passagers civils, le **DC-3** est rapidement devenu un outil indispensable aux armées alliées durant la Seconde Guerre mondiale. Il est produit à plus de 13 000 exemplaires, dont plusieurs volent encore de nos jours, notamment pour le transport de fret en Colombie.

Vitesse maximale : 370 km/h – Longueur : 19,64 m – Autonomie : 3 420 km
Moteur : deux Wright R-1820 de 1 100 ch

VICKERS WELLINGTON TMK10

Premier vol en 1936

Le **Vickers Wellington** est un bombardier bimoteur employé pendant les deux premières années de la Seconde Guerre mondiale, puis remplacé par des bombardiers quadrimoteurs beaucoup plus grands, comme *l'Avro Lancaster*. Présentant une structure géodésique (conçue par Barnes Wallis), le **Wellington** surnommé « *Wimpy* » (personnage dans le dessin animé Popeye) présente un fuselage en alliage d'aluminium, fait de poutres à rainures entrelacées.

Vitesse maximale : 410 km/h – Longueur : 19,68 m– Autonomie : 3 540 km
Moteur : deux Hercules VI de 1 675 ch

CASA T8B-124 PEDRO

Premier vol en 1935

Le **Casa T8B-124**, rebaptisé plus tard **He 111B-I**, est un avion bimoteur conçu initialement comme avion de transport commercial très rapide et comme bombardier. Avec une vitesse comparable à celle des chasseurs alors en service, le **T8B-124** après un premier vol le 24 février 1935, est engagé sur tous les fronts pendant la guerre d'Espagne entre 1936 et 1939.

Vitesse maximale : 385 km/h – Longueur : 16,40 m– Autonomie : 1 450 km
Moteur : deux Rolls-Royce Merlin 500-29 de 1 400 ch

DEWOITINE D.342 — Premier vol en 1938

Le **Dewoitine D.342** est la dernière version de la série des avions trimoteurs commerciaux de *Dewoitine*. Monoplan à aile basse, de conception entièrement métallique, avec un train d'atterrissage rétractable, le **D.342** peut transporter 24 passagers accompagnés de 2 membres d'équipage ayant accès à l'appareil par une porte située sur le côté gauche à l'arrière du cockpit. Après un premier vol le 23 novembre1938, le D.342 est livré à la compagnie *Air France* seulement en 1942 et est affrété sur les lignes africaines.

Vitesse maximale : 390 km/h – Longueur : 22,13 m – Autonomie : 1 000 km
Moteur : trois Gnôme Rhône GR14N de 960 ch

BREGUET WIBAULT 670T

Premier vol en 1935

Le **Breguet-Wibault 670T** est un avion de ligne, construit en un seul exemplaire volant pour la première fois en mars 1935. De construction entièrement métallique avec un train d'atterrissage rétractable, le **Breguet 670** est conçu avec une cabine pour deux pilotes côte à côte, d'une cabine de 18 passagers ou adaptable pour le transport de fret ou de courrier.

Vitesse maximale : 340 km/h – Longueur : 18,74 m– Autonomie : 1 000 km
Moteur : deux Gnome-Rhône 14Krsd Mistral Major 14 cylindres de 825 ch

CAPRONI BERGAMASCHI 308 BOREA

Premier vol en 1935

Le **CA.308 Borea** est un avion bimoteur, monoplan à aile basse de construction entièrement en bois. Doté d'un train d'atterrissage fixe, cet appareil présente un fuselage équipé de compartiments à bagage sous le plancher de la cabine. Cette dernière est aménagée avec 6 sièges installés en 2 rangées de 3 sièges disposés sur les côtés et se faisant face, chacune des places ayant une grande fenêtre. Construit en 6 exemplaires, le **CA.308 Borea** est exploité par la compagnie aérienne *Ala Littoria* dès 1935.

Vitesse maximale : 246 km/h – Longueur : 12,87 m – Autonomie : 1 200 km
Moteur : deux De Havilland Gipsy Six six cylindres en ligne de 200 ch

PZL 27

Premier vol en 1934

Le **PZL 27** est le prototype d'un avion de ligne, avion postal rapide, effectuant un premier vol en septembre 1934. Il est le premier avion *PZL* présentant un train d'atterrissage rétractable manuellement à l'arrière de la nacelle moteur, avec un patin arrière non rétractable à l'extrême arrière du fuselage. Ce dernier est soudé en tube d'acier et l'aile est en bois. Après plusieurs tests, les performances de l'avion sont médiocres et il ne sera pas rentable de l'exploiter.

Vitesse maximale : 266 km/h – Longueur : 10,74 m – Autonomie : 700 km
Moteur : trois De Havilland Gipsy Major I de 130 ch

BREDA Ba 46

Premier vol en 1934

Le **Breda 46** est un avion de transport et bombardier militaire développé à partir du *Breda 32* civil, monoplan à voilure basse. Pouvant transporter 12 hommes et 1 tonne de bombes ou jusqu'à 2 tonnes de bombes sans troupe, le **Breda 46** possède un armement défensif de 4 à 6 mitrailleuses de 12,7 mm ou 7,7 mm. Plus puissant que le *Breda 32* après remotorisation, cet appareil reste au stade d'unique exemplaire à cause de son train d'atterrissage fixe le rendant obsolète face à l'apparition d'appareils plus modernes en Europe.

Vitesse maximale : 315 km/h – Longueur : 16,75 m – Autonomie : 2 000 km
Moteur : trois Alfa Romeo 125 RC.35 (sous licence Bristol Pegasus) de 650 ch

POTEZ 56

Premier vol en 1934

Le **Potez 56** est un avion de transport bimoteur monoplan effectuant son premier vol le 18 juin 1934. De construction entièrement en bois avec un revêtement en contre-plaqué, cet appareil est doté d'un train d'atterrissage escamotable et peut transporter 6 passagers et 2 hommes d'équipage à 250 km/h sur un peu plus de 1 000 km. Dans sa version civile, le **Potez 56** est produit à une trentaine d'exemplaires en service pour la compagnie aérienne *Air Afrique*. Certains sont utilisés par l'Armée de l'Air française comme avion de liaison et avion d'observation.

Vitesse maximale : 250 km/h – Longueur : 11,84 m – Autonomie : 650 km
Moteur : deux Potez 9Ab en étoile de 185 ch

CiTROËN 15 Grand luxe

CAPRONI Ca.133

Premier vol en 1934

Le **Caproni Ca.133** est un avion de ligne civil pouvant transporter 16 passagers, trimoteur à aile haute dérivé du *Ca.101*. Construit à 500 exemplaires, toutes versions confondues, cet appareil dans le cas du **Ca.133T** est aussi utilisé par la *Regia Aeronautica* comme avion militaire bombardier et de transport, principalement en Afrique orientale italienne. Après un premier vol du prototype en décembre 1934, la plupart des **Caproni Ca.133** ont volé pendant la Seconde Guerre mondiale jusqu'en 1947.

Vitesse maximale : 230 km/h – Longueur : 15,36 m – Autonomie : 1 350 km
Moteur : trois Piaggio Stella p.VII C.16 de 460 ch

GROKHOVSKI G-37

Premier vol en 1934

Le **Grochovski G-37 « ULK »** (pour « aile volante universelle ») est un avion bimoteur polyvalent. Présentant une cabine suspendue d'une longueur d'environ 7 m, le **G-37 « ULK »** peut transporter 10 passagers en version de transport de ligne civil ou 12 parachutistes armés en version militaire. Cet appareil est aussi utilisé comme avion ambulance, bombardier ou bien encore de reconnaissance.

Vitesse maximale : 375 km/h – Longueur : 15,85 m – Autonomie : 1 000 km
Moteur : deux Mikulin M-17 de 680 ch

CAPELIS XC-12

Premier vol en 1933

Le **Capelis XC-12** est un avion bimoteur à aile basse rétractable, de construction entièrement métallique avec des vis qu'il faut resserrer après chaque vol ou bien même remplacer. Devant de piètres performances, le **XC-12** n'est produit qu'en un unique exemplaire. Cependant, il connaît la gloire au cinéma en faisant carrière chez *RKO Radio Pictures* en tant qu'accessoire dans plusieurs films. Il apparaît alors entier dans les films *Five Came Back* (1939), *The Flying Tigers* (1942), *Immortal Sergeant* (1943) puis partiellement démantelé dans *Dick Tracy's Dilemma* (en 1947) pour ensuite être mis au rebut.

Vitesse maximale : 350 km/h – Longueur : 13 m
Moteur : deux Wright Cyclone R-1750 Radial de 525 ch

- PACKARD "Cabriolet Graber" 1938 -

PANDER S-4 POSTJAGER

Premier vol en 1933

Le **Pander S-4 Postjager** est un avion postal rapide, trimoteur triplace, monoplan à aile basse qui vole pour la première fois le 6 octobre 1933. De construction en bois et équipé d'un train d'atterrissage rétractable classique, le **S-4** est produit en un seul exemplaire détruit lors de la *Course Londres – Melbourne* de 1934.

Vitesse maximale : 370 km/h – Longueur : 11 m – Autonomie : 2 430 km
Moteur : trois Wright Whirlwind de 420 ch

ROMANO R.16

Premier vol en 1933

Le **Romano R.16** est un avion trimoteur triplace, monoplan à aile haute soutenue par des mats obliques. De construction mixte (bois et métal), le **R.16** présente un fuselage avec une dorsale très arquée, une grande porte d'accès coulissante permettant le passage de fret volumineux. Équipé de freins, son train d'atterrissage est doté de deux roues indépendantes de 1150 x 250, montées sur des jambes de force oléopneumatique. Conçu notamment pour les services de police dans les colonies africaines françaises, le **R.16**, une fois achevé, accède à la piste pour un premier vol, après qu'un pan de mur du hall de montage soit abattu en février 1933.

Vitesse maximale : 230 km/h – Longueur : 13,90 m – Autonomie : 1 200 km
Moteur : trois Lorraine 9N Algol de 300 ch

LORRAINE HANRIOT LH-70

Premier vol en 1933

Le **Lorraine Hanriot LH-70** ou **SAB LH-70** est un avion trimoteur monoplan à aile haute, quadriplace de construction entièrement métallique destiné à la police coloniale, construit à seulement deux exemplaires. Doté d'une aile trapézoïdale construite en trois parties, son fuselage présente une cabine fermée pouvant accueillir les pilotes côte à côte. Une porte à charnière oblique en position bâbord arrière permet le chargement principal et, en partie arrière, le **LH-70** présente un cockpit dorsal ouvert pour un observateur.

Vitesse maximale : 240 km/h – Longueur : 15,80 m – Autonomie : 1 250 km
Moteur : trois Lorraine 9Na Algol de 300 ch

PZL.4

Premier vol en 1933

Le **PZL.4** est le prototype d'un avion de ligne trimoteur monoplan cantilever à aile haute, premier avion multimoteur conçu et produit par la Pologne. De construction métallique, le fuselage du **PZL.4** est de coupe rectangulaire en coupe transversale et accueille une cabine fermée séparée en trois compartiments pour 10 passagers. De larges fenêtres rectangulaires, inclinées vers l'extérieur permettent une meilleure vue. Retiré du service en 1936, le **PZL.4** est mis au rebut en 1937.

Vitesse maximale : 190 km/h – Longueur : 16,50 m – Autonomie : 800 km
Moteur : trois Wright Whirlwind J-5 de 240 ch

GRÄF & STIFT SP8 · 1930

BLOCH MB.120

Premier vol en 1932

Le **Bloch MB.120** est un avion trimoteur monoplan à aile haute cantilever, avion de transport et de police coloniale. Monoplan entièrement métallique présentant un train d'atterrissage classique fixe, cet appareil, construit à 11 exemplaires, est surnommé « increvable » du fait des services effectués dans des conditions très difficiles, avec un personnel réduit et parfois peu qualifié. Il constituait le prolongement d'une famille de trimoteurs dont le premier représentant avait été le *Bloch MB.60*. Le **Bloch MB.120** est utilisé essentiellement par la *Régie Air Afrique* et l'*Armée de l'Air*. Les derniers exemplaires sont utilisés par la France libre.

Vitesse maximale : 239 km/h – Longueur : 20,51 m – Autonomie : 1 340 km
Moteur : trois Lorraine 9Na Algol de 300 ch

AIRSPEED AS.4

Premier vol en 1932

Le **Airspeed AS.4 Ferry** est un avion trimoteur de transport qui a effectué son premier vol en avril 1932 et retiré d'exploitation en 1941. Avec une allure peu typique, le **AS.4 Ferry** est un biplan à ailes égales, portant deux moteurs situés dans des nacelles sur les ailes inférieures et un moteur au centre de l'aile supérieure. De construction en bois, contreplaqué et toile, le **AS.4** présente un fuselage assez bas permettant à sa dizaine de passagers de voir le sol et d'accéder sans difficultés à la cabine.

Vitesse maximale : 174 km/h – Longueur : 12,09 m – Autonomie : 515 km
Moteur : deux De Havilland Gipsy II de 120 ch et 1 Gipsy III de 360 ch

JUNKERS JU 160

Premier vol en 1932

Le **Junkers Ju 160** est un avion de transport civil sur courtes distances, monoplan à aile basse dérivé du **Ju 60** et concurrent d'appareils comme le *Heinkel He 70* et les rapides *Lockheed Orion 9B*. Pouvant transporter 6 passagers installés sur des sièges appariés (deux paires orientées vers l'avant, une vers l'arrière), le **Ju 160** présente un cockpit fermé accueillant un pilote et un opérateur radio assis en tandem, ainsi qu'un deuxième pilote avec siège à tribord. Après un premier vol effectué en novembre 1932, la compagnie *Deutsche Lufthansa* emploie 21 machines de ce type (sur les 47 produites) à partir de 1935 et jusqu'au début de la Deuxième Guerre mondiale.

Vitesse maximale : 340 km/h – Longueur : 12,30 m – Autonomie : 1 100 km
Moteur : un BMW 132A de 650 ch

FARMAN 2200

Premier vol en 1932

Le **Farman F.2200** ou « *Centaure II* » est un quadrimoteur aménagé en avion postal pour *Air France*, réalisé à partir des cellules du bombardier *F.221*. Mis en service début janvier 1936, cet appareil peut transporter une tonne de charge de courrier postal et cinq hommes d'équipage, sur 8 000 km. En quatre ans, le **F.2200** effectue 290 traversées de l'Atlantique Sud. L'un des appareils surnommé « Ville de Mendoza » sera notamment utilisé par Charles de Gaulle en Afrique française du Nord.

Vitesse maximale : 245 km/h – Longueur : 21,50 m – Autonomie : 2 000 km
Moteur : quatre Hispano-Suiza 12Lbr de 600 ch

SPARTAN CRUISER II

Premier vol en 1932

Le **Spartan Cruiser II** est un petit avion de transport monoplan à ailes basses (en bois) et fuselage en contreplaqué, dérivé de l'avion postal *Saro-Percival Mailplane*. Destiné au transport de passagers (de 6 à 10), le premier **Cruiser II** effectue un premier vol en février 1933. De performances modestes, le **Cruiser II** ne reste pas longtemps au service de la *British Airways*.

Vitesse maximale : 214 km/h – Longueur : 11,94 m – Autonomie : 499 km
Moteur : trois De Havilland Gipsy Major 130 ch

ROLLS ROYCE "Phantom Springfield". 1930

FORD 14-A

Premier vol en 1932

Le **Ford 14-A** est un avion trimoteur de construction tout en métal, dérivé plus moderne et agrandi du célèbre Ford Trimoteur. Conçu pour transporter 40 passagers, le **Ford 14-A** présente des sièges de style *Pullman* convertibles en couchettes. Cet appareil a pour autre particularité d'avoir deux de ses moteurs placés à l'avant des ailes et un troisième monté dans une nacelle située au sommet du fuselage. L'avion étant trop lourd, il n'a jamais décollé et est abandonné en 1933.

Longueur : 24,40 m
Moteur : trois Hispano-Suiza 18 Sbr entre 715 et 1 100 ch

COUZINET 21

Premier vol en 1931

Le **Couzinet 21** est un avion trimoteur, monoplan à aile basse de faible puissance conçu en France pour les services postaux. Présentant un fuselage semi-monocoque à peau plissée et de construction en bois, le **Couzinet 21** construit en un unique exemplaire peut transporter 200 kg de courrier chargeables par la porte latérale droite. L'appareil vole pour la première fois en février 1931.

Vitesse maximale : 200 km/h – Longueur : 10,94 m – Autonomie : 2 000 km
Moteur : trois Walter Vega I de 85 ch

CITROËN C6 - 1931

DEWOITINE D.28

Premier vol en 1931

Le **Dewoitine D.28** est un avion de transport monomoteur monoplan à aile haute construit à 2 exemplaires. Pouvant transporter 6 passagers, le **D.28** présente un seul moteur monté sur le nez et effectue un premier vol en avril 1931.

Vitesse maximale : 210 km/h – Longueur : 13,10 m – Autonomie : 855 km
Moteur : un Renault 12Jb de 500 ch

FOCKE-WULF A 38 MOWE

Premier vol en 1931

Le **Focke-Wulf A 38 *Möwe*** ("*mouette*" en Allemand) est un avion de ligne dérivé du modèle A 17. Présentant un poste de pilotage séparé de la cabine par des toilettes et une soute à bagages, le **A 38** peut transporter 10 passagers et 3 membres d'équipage. Construit en 4 exemplaires, l'appareil présente un train d'atterrissage renforcé avec les roues principales équipées de freins et une petite roue à l'arrière. Le **A 38** termine son service comme avion de formation à partir de 1934.

Vitesse maximale : 204 km/h – Longueur : 15,40 m – Autonomie : 750 km
Moteur : un Bristol Jupiter VI construit par Siemens de 500 ch

SPCA 218 — Premier vol en 1930

Le **SPCA 218** est un avion de transport postal dérivé du *SPCA 40Ts* remotorisé, construit par la *Société Provençale de Constructions Aéronautiques*. Monoplan biplace à aile haute, le **SPCA 218** n'a pas rencontré le succès escompté. Il sera réformé et ferraillé dès le début de la Seconde Guerre mondiale. On peut voir encore aujourd'hui un des moteurs de l'un d'entre eux, avec son hélice, au *Musée du Palais de la Reine Ranavalona III* à Madagascar.

Vitesse maximale : 180 km/h – Longueur : 13,18 m – Autonomie : 1 075 km
Moteur : trois Salmson 9Nc de 135 ch

AMIOT AAC-1 TOUCAN

Premier vol en 1930

Le **Amiot AAC-1 Toucan** est un avion de transport militaire français, copie du *Junkers Ju 52* allemand. Produit à 415 exemplaires et largement utilisé par l'Armée de l'Air française, le **Amiot AAC-1 Toucan** a rempli de nombreuses missions dans le transport de fret, de passagers, de troupes ou encore dans des missions d'évacuations sanitaires, de recherches et de sauvetages en montagne ou dans le désert. Une cinquantaine de ces appareils a volé sous les couleurs de l'Aéronautique Navale française et le dernier appareil y termine sa carrière en 1962.

Vitesse maximale : 266 km/h – Longueur : 18,90 m – Autonomie : 870 km
Moteur : trois BMW 132Z (de la Société des moteurs Gnome et Rhône) de 960 ch

FARMAN F-301

Premier vol en 1930

Le **Farman F-301** (surnommé « Étoile d'Argent » pour les lignes Farman) est un avion trimoteur de transport, monoplan à aile haute, version modifiée du *Farman F-300* avec des moteurs différents. Construit à 6 exemplaires et pouvant transporter 8 passagers, le **F-301** présente un poste de pilotage et un habitacle fermé. Lors d'un vol Zurich-Paris, le **F-301** s'écrase sur une colline à Étobon à l'Ouest de Belfort, tuant deux passagers le 31 octobre 1933. C'est le premier accident impliquant la compagnie *Air France*.

Vitesse maximale : 230 km/h – Longueur : 13,35 m – Autonomie : 975 km
Moteur : trois Salmson 9Ab de 230 ch

VICKERS VIASTRA II

Premier vol en 1930

Le **Vickers Viastra II** est un avion bimoteur monoplan à ailes hautes tout en métal pouvant transporter 12 passagers. Construit en deux exemplaires, le **Viastra II** est doté d'une cabine fermée à l'avant des ailes et son fuselage présente une section transversale carrée, dans la zone de la cabine des passagers. Après un premier vol début octobre 1930, le **Vickers Viastra II** est exploité commercialement par la compagnie *West Australian Airways.*

Vitesse maximale : 193 km/h – Longueur : 13,87 m – Autonomie : 860 km
Moteur : deux Bristol Jupiter XIF 9 cylindres radiaux de 525 ch

FARMAN F-302

Premier vol en 1930

Le **Farman F-302** est un avion de ligne, variante des *Farman F-300* et *F-310*. Avion triplace, monoplan à aile haute, de construction mixte (bois et toile), cet appareil est construit en un seul exemplaire. Conçu spécialement pour cela, le **F-302** établit plusieurs records de distance et de durée, notamment le 9 mars 1931 où il parcourt 2 678 km en 17 heures avec une charge utile de 2 tonnes sur circuit fermé.

Vitesse maximale : 240 km/h – Longueur : 13,85 m – Autonomie : 1 000 km
Moteur : un Hispano-Suiza 12Nb de 650 ch

FARMAN A6B "Supersport" 1921

DORNIER DO K2

Premier vol en 1929

Le **Dornier Do K2** est un avion de transport de passagers et de fret commercial, conçu par Claude Dornier et construit par Dornier-Flugzeugwerke. Monoplan à aile haute présentant un cockpit fermé pour deux pilotes et une cabine à l'arrière pour le fret ou 8 passagers, le **Do K2** est doté d'un train d'atterrissage conventionnel et ses quatre moteurs sont montés par paires en tandem de part et d'autre du fuselage. Après un premier vol en décembre 1929, l'avion présente peu d'intérêt du fait de ses mauvaises performances.

Vitesse maximale : 230 km/h – Longueur : 16,65 m – Autonomie : 800 km
Moteur : quatre Walter Castor de 305 ch

OPEL "Laubfrosch" - 1924

PWS-20BIS

Premier vol en 1929

Le **PWS-20bis** est le prototype d'un avion de ligne, monomoteur monoplan à ailes hautes de construction mixte. Premier avion de ligne polonais, le **PWS-20bis** présente un fuselage en duralumin à l'avant et en acier à l'arrière, recouvert de toile et de duralumin dans la section moteur. La cabine passagers présente 6 sièges fixes et 2 autres rabattables, des toilettes et de la place pour des bagages.

Vitesse maximale : 200 km/h – Longueur : 12,67 m – Autonomie : 800 km
Moteur : un Skoda-Lorraine-Dietrich 12Eb W-12 de 450 ch

ŠKODA 110 - 1929

MESSERSCHMITT M-20B

Premier vol en 1928

Le **Messerschmitt M-20** (ou **BFW M-20**) est un avion de ligne monomoteur à aile haute cantilever conçu principalement pour la *Lufthansa*. Développé à partir du *M-18*, le premier prototype vole fin février 1928 et s'écrase tuant le pilote. Le deuxième s'envole en août 1928. De construction entièrement métallique principalement en *Duralumin*, le fuselage du **M-20** présente une cabine de section rectangulaire pour 10 passagers et 2 membres d'équipage. Il est considéré comme l'un des avions les plus modernes de l'époque avec des toilettes à bord, une cabine de pilotage fermée et des fenêtres passagers pouvant s'ouvrir comme dans une voiture.

Vitesse maximale : 205 km/h – Longueur : 15,80 m – Autonomie : 1 050 km
Moteur : un moteur à pistons BMW VI V-12 de 640 ch

SIKORSKY S-37 1

Premier vol en 1928

Le **Sikorsky S-37** est un avion bimoteur sesquiplan à deux baies, dérivé du *S-35*, prévu initialement pour effectuer la traversée non-stop de l'Atlantique à l'occasion du *Prix Orteig*. Devancé par son concurrent le *Spirit of Saint-Louis* piloté par Charles Lindbergh en mai 1927, le **S-37** est converti en avion de ligne et devient le premier transport commercial à traverser les Andes en juin 1929. Dernier avion terrestre à voilure fixe produit par *Sikorsky*, le **S-37** présente un fuselage tout en métal et l'aile principale en *Duralumin*, le tout recouvert de tissu.

Vitesse maximale : 135 km/h – Longueur : 13,87 m – Autonomie : 8 000 km
Moteur : deux Gnome-Rhône 9A Jupiter 500 ch

KREUTZER AIR COACH K-5

Premier vol en 1928

Le **Kreutzer Air Coach K-5** (ou **NC-612**) est un trimoteur monoplan à aile haute, conçu pour les petites compagnies aériennes aux États-Unis et au Mexique. Avion de transport de marchandises et de fournitures, le **Kreutzer Air Coach K-5** présente suffisamment d'espace pour accueillir 6 personnes dans une cabine confortable, chauffée, ventilée et sécurisée avec un vitrage en verre incassable. L'appareil effectue son premier vol le 05 décembre 1928.

Vitesse maximale : 210 km/h – Longueur : 10,21 m – Autonomie : 840 km
Moteur : trois Kinner K5 de 100 ch

BLERIOT BL-165

Premier vol en 1926

Le **Blériot Bl-165** est un avion de ligne, biplan bimoteur à voilure en bois et fuselage de construction mixte, en bois et métal. Construit en 2 exemplaires baptisés *Leonardo da Vinci* et *Octave Chanute* pour *Air Union* afin de rejoindre les *Farman F-60 « Golden Ray »*, le **Blériot Bl-165** peut transporter 16 passagers et effectue un premier vol le 27 octobre 1926. Les deux appareils font la traversée de la Manche jusqu'en 1933.

Vitesse maximale : 185 km/h – Longueur : 14,85 m – Autonomie : 525 km
Moteur : deux Gnome & Rhône « Jupiter » 9Ab de 420 ch

FARMAN F-3X JABIRU

Premier vol en 1926

Le **Farman F-3X Jabiru** (ou **F-121**) est un avion de transport monoplan à aile haute, quadrimoteur avec deux groupes de moteurs placés en tandem sous les ailes. Réputé pour sa laideur, le **F-3X Jabiru** (du nom d'une cigogne de l'Amérique latine) peut transporter 9 passagers assis sur des sièges en rotin, dans une cabine centrale allant jusqu'à l'extrémité avant de l'avion et le pilote est installé au-dessus à l'arrière du moteur supérieur. Les passagers du premier rang ont une vue sur l'horizon à 180° grâce aux fenêtres découpées à l'avant du **F-3X Jabiru**.

Vitesse maximale : 209 km/h – Longueur : 13,92 m – Autonomie : 750 km
Moteur : quatre Hispano-Suiza 8Ac V8 de 180 ch

UDET U-11 KONDOR

Premier vol en 1926

Le **Udet U-11 Kondor** est un avion de ligne quadrimoteur construit en un seul exemplaire. Monoplan à aile haute en bois, l'appareil présente un fuselage métallique avec un cockpit ouvert avec des sièges côte à côte pour les deux pilotes. Doté d'un poste de navigation situé à l'avant, de toilettes et d'un compartiment à bagages, le **U-11 Kondor** peut transporter 8 passagers pouvant entrer ou sortir par une porte arrière dangereusement proche des hélices de poussée. Après un premier vol en janvier 1926, le **U-11** en service pour *Lufthansa* se brise lors d'un atterrissage raté début 1927 et n'est pas reconstruit.

Vitesse maximale : 152 km/h – Longueur : 16 m – Autonomie : 500 km
Moteur : quatre Siemens-Halske Sh 12 de 100 ch

LATECOERE 26-6

Premier vol en 1926

Le **Latécoère 26-6** est un avion biplace de transport postal, monoplan haubané à aile haute construit à 26 exemplaires en bois et métal. Excellente machine pour des environnements rudes tels que les bleds en Afrique, le **Latécoère 26-6** est rustique, doté d'un train d'atterrissage robuste à large voie et de bons amortisseurs. Muni de réservoirs supplémentaires, Mermoz et Négrin font la preuve de ses qualités en effectuant un vol Toulouse – Saint-Louis du Sénégal en 23h20min sans escale, le 10 octobre 1927. Devant ces performances, une radio et des fusées éclairantes viennent compléter l'équipement, permettant des vols de nuit et un gain de temps pour la *Postale*.

Vitesse maximale : 194 km/h – Longueur : 12,20 m – Autonomie : 1 700 km
Moteur : un Renault 12Jb de 450 ch

Fourgon Postal RENAULT - 1925

JUNKERS G31 FO

Premier vol en 1925

Le **Junkers G31** est un avion de ligne monoplan à aile basse cantilever, trimoteur de pointe dérivé du *G24* et construit à 13 exemplaires seulement du fait d'un succès mitigé. De construction entièrement métallique avec une aérodynamique particulière, le **G31** peut transporter 15 passagers et 3 membres d'équipage dont un agent de bord pouvant servir nourriture et boissons. Avion aux multiples prestations, le **Junkers G31** est surnommé « *voiture-restaurant volante* » mais aussi « *voiture-couchette volante* » après avoir été équipé de sièges-couchettes pour des vols de nuit vers la Scandinavie notamment.

Vitesse maximale : 170 km/h – Longueur : 16,50 m – Autonomie : 850 km
Moteur : trois Junkers L 5 386 de 525 ch

BLERIOT 105

Premier vol en 1924

Le **Blériot Bl-105** est un avion de ligne, biplan quadrimoteur dérivé du *SPAD S-45* et construit en un seul exemplaire. Maxi berline pouvant transporter 18 passagers accompagnés du pilote, le premier vol du **Bl-105** a lieu début août 1924. Considéré comme inutile par les compagnies aériennes, ses concepteurs lui préfèrent des avions à capacité de passagers inférieure.

Vitesse maximale : 154 km/h – Longueur : 15,69 m
Moteur : quatre Hispano-Suiza 8Fb de 300 ch

HISPANO SUIZA H6B - 1924

WESTLAND DREADNOUGHT

Premier vol en 1924

Le **Westland Dreadnought** est un avion postal monoplan monomoteur à aile épaisse dont le profilé est continu sur toutes les parties de l'appareil lui donnant son aérodynamique futuriste. De construction mixte et pouvant transporter jusqu'à 8 passagers, le premier test en vol a lieu le 9 mai 1924 mais l'avion s'écrase, blessant gravement le pilote d'essai. Le mode de construction de l'unique exemplaire du **Dreadnought**, basé sur les théories empiriques de l'inventeur russe *N. Woyevodsky*, est expérimental et discuté car l'avion s'avère dangereux.

Vitesse maximale : 164 km/h – Longueur : 17,08 m
Moteur : un Napier Leone II de 450 ch

VAUXHALL 25hp "D Tourer" 1922

BREGUET XXI

Premier vol en 1923

Le **Breguet XXI** est le prototype d'un avion bombardier de nuit, quadriplace et quadrimoteur dont le fuselage partiellement construit est exposé au *Salon de l'Aviation de Paris* en 1922. De construction tout métal, les quatre moteurs sont montés en tandem sur un berceau avec un arbre de sortie unique. Présentant des problèmes de motorisation, le projet est abandonné en 1934.

Vitesse maximale : 180 km/h – Longueur : 14,016 m – Autonomie : 1 000 km
Moteur : quatre Breguet-Bugatti 32A de 480 ch

DE HAVILLAND DH.27 DERBY

Premier vol en 1922

Le **De Havilland DH.27 Derby** est le prototype d'un avion bombardier lourd à longue portée, monomoteur biplan conçu à la demande du *Ministère de l'Air britannique*. Il présente des ailes supérieures et inférieures en bois recouvertes de tissu, portant des ailerons et pouvant se replier à l'extérieur des entretoises internes. Doté d'un train d'atterrissage à essieu divisé permettant à une bombe d'être libérée par le dessous du fuselage, le **DH.27 Derby** effectue un premier vol le 13 octobre 1922. Le Ministère de l'Air préférant le *Avro Aldershot*, cet appareil ne sera jamais produit.

Vitesse maximale : 169 km/h Longueur : 14,43 m – Autonomie : 890 km
Moteur : un Rolls-Royce Condor III de 650 ch

HISTOIRES

www.ideesplus.fr

S D'AVIONS

IDÉES PLUS ÉDITIONS

REMERCIEMENTS

Les auteurs remercient tous ceux qui, par leur aide, leurs informations, ont permis la réalisation de cet ouvrage.

Quelques sites de référence :
https://fr.wikipedia.org
https://en.wikipedia.org
www.avionslegendaires.net
http://jn.passieux.free.fr
www.aviafrance.com
https://books.google.fr
https://www.avionsmilitaires.net

L'édition de cet ouvrage est soutenue par la Région Occitanie